प्रतिनिधि कविताएँ

मंगलेश डबराल

चयन और भूमिका
पंकज चतुर्वेदी

राजकमल पेपरबैक्स

राजकमल पेपरबैक्स में
पहला संस्करण : 2017
चौथा संस्करण : 2023

राजकमल पेपरबैक्स : उत्कृष्ट साहित्य के जनसुलभ संस्करण

राजकमल प्रकाशन प्रा.लि.
1-बी, नेताजी सुभाष मार्ग, दरियागंज
नई दिल्ली-110 002
द्वारा प्रकाशित

शाखाएँ : अशोक राजपथ, साइंस कॉलेज के सामने, पटना-800 006
पहली मंज़िल, दरबारी बिल्डिंग, महात्मा गांधी मार्ग, प्रयागराज-211 001
1, अनमोल सोराबजी संतुक लेन, धोबी तलाव, मरीन लाइंस, मुम्बई-400 002
वेबसाइट : www.rajkamalprakashan.com
ई-मेल : info@rajkamalprakashan.com

बी.के. ऑफसेट
नवीन शाहदरा, दिल्ली-110 032
द्वारा मुद्रित

मूल्य : ₹ 150

PRATINIDHI KAVITAYEN
Selected Poems by Manglesh Dabral

ISBN : 978-81-267-2996-8

भूमिका

यातना का प्रतिकार प्रेम

मंगलेश डबराल सरापा कवि हैं। उनके व्यक्तित्व और कविता, संवेदना और विचारशीलता, प्रेम और प्रतिबद्धता के बीच कोई फाँक नहीं। इस तरह विचार, संवेदना, सौन्दर्यबोध और मूल्यनिष्ठा की संश्लिष्ट समग्रता उनके यहाँ कविता में रूपान्तरित हुई है। उन्होंने अपने समूचे वजूद से कविता को सम्भव किया है, क्योंकि उससे कम या अधूरा कुछ करना एक गुनाह ही होता—

वह कोई बहुत बड़ा मीर था
जिसने कहा प्रेम एक भारी पत्थर है
कैसे उठेगा तुझ जैसे कमज़ोर से

मैंने सोचा
इसे उठाऊँ टुकड़ों-टुकड़ों में

पर तब वह कहाँ होगा प्रेम
वह तो होगा एक हत्याकांड

सभ्यता के विकास, ख़ासकर सूचना एवं संचार-क्रान्ति के मौजूदा दौर में मानवीय संवेदना का सबसे ज़्यादा क्षरण हुआ है। नव-उदार पूँजीवाद की छाया में जैसे-जैसे मध्यवर्ग आत्म-मुग्ध, उपभोगवादी और निष्करुण होता गया है, कविता को उसने अक्सर यों बरता है, मानो वह सृजन की नहीं, उत्पादन की वस्तु हो। जैसे उसके लिए कौशल काफ़ी हो, कवि का अपने को दाँव पर लगाना ज़रूरी न हो। ऐसे

परिदृश्य में मंगलेश ने यह कभी विस्मृत नहीं किया कि कवि की सचाई की पहचान उसकी वेध्यता से होती है और यह भी कि सत्य का आघात सहे बिना उसे जाना नहीं जा सकता। समकालीन कवियों में यथार्थ का आभ्यन्तरीकरण शायद उनके यहाँ गहनतम है। इसलिए वह उसकी निस्संग गवाही के नहीं, मार्मिक साक्षात्कार के कवि हैं। यह मार्मिकता उनकी कविता की शक्ति, सुन्दरता और विशिष्टता का उत्स है। इसी की बदौलत संवेदना और मननशीलता का तरल पारदर्शी आलोक हम उनके यहाँ महसूस करते हैं; जो अपने सौन्दर्य से सिर्फ़ आकृष्ट नहीं करता, बल्कि कार्य-कारण-सम्बन्ध की चेतना से विचलित भी करता है—

...सपने में हमें दिखती हैं अपने जीवन की जड़ें साफ़
पानी में डूबी हुईं चाँद दिखता है एक छोटे-से अँधेरे कमरे में चमकता हुआ।
सपने में हम देखते हैं कि हम अच्छे आदमी हैं। देखते हैं एक पुराना टूटा-फूटा आईना देखते हैं हमारी नाक से बहकर आ रहा है ख़ून।

आज से लगभग पैंतालीस बरस पहले मंगलेश डबराल को टिहरी गढ़वाल ज़िले के काफलपानी गाँव से विस्थापित होकर जीविका की तलाश में देश की राजधानी दिल्ली की शरण लेनी पड़ी थी। गोकि वह इसे 'एक धुँधली युवावस्था में पहाड़ से पत्थर की तरह लुढ़कते हुए' आना कहते हैं और इससे यह ख़ुशफ़हमी हो सकती है कि वह किसी सहज घटना की ओर इशारा कर रहे हैं। मगर उनके पहले कविता-संग्रह की शीर्षक कविता 'पहाड़ पर लालटेन' (1981) का एक बिम्ब याद करें—'वह पहाड़ दुख की तरह टूटता आता है हर साल', तो मालूम होगा कि यह विस्थापन उनका चुनाव नहीं, बल्कि विवशता थी। इसलिए आरम्भिक कविताओं में एक ओर पीछे छूट गए प्राकृतिक परिवेश की आत्मीय और सजल स्मृतियाँ हैं, तो दूसरी तरफ़ युयुत्सा है, जो उस जीवन की विपन्नता और अवसाद के प्रतिकार के लिए कवि को ज़रूरी लगी। चाहे वह 'पहाड़ पर एक तेज़ आँख की तरह जलती लालटेन के

धीरे-धीरे आग बनने' का बिम्ब हो या 'गाँव में एक बाघ के डुकरने की आवाज़' का सुन पड़ना; इन्हें आठवें दशक में मुख्य तौर पर नक्सलबाड़ी की क्रान्तिधर्मिता से उपजी उम्मीद और बेचैनी के प्रतीकों की तरह पढ़ा जा सकता है। कवि के भीतर पहाड़ी गाँव से आए हुए एक निश्छल, संवेदनशील और न्यायप्रिय इनसान को हम बराबर महसूस करते हैं, जो शहरी चकाचौंध में व्याप्त अन्याय, अत्याचार और भ्रष्टता से बहुत सावधान, सहमा हुआ और आहत है। लेकिन कुछ मूल्यों के लिए यह संघर्ष किया जाना अनिवार्य था, जैसा कि स्वयं मंगलेश डबराल ने लिखा है—'यह एक काफ़ी शान्त, सिमटी हुई और प्रकृतिपूर्ण जगह से एक ऐसी दुनिया में आना था, जो बहुत फैली हुई, हलचल से भरी हुई और हमलावर थी। मैंने और मुझ-सरीखे कई दोस्तों ने इस शहर के भीतर अपना एक शहर खोज लिया था और हम चमचमाती रोशनियों के पीछे किसी नीम-अँधेरे में रहते थे।...दरअसल, हम लोग इस महानगर में अपना सफल भविष्य बनाने नहीं, बल्कि एक बदलाव के गहरे हिस्सेदार होने के लिए आए थे।' एक स्तर पर उनकी समूची काव्य-यात्रा 'विस्थापन के अर्थ' की तलाश है और 'दुनिया को बदलने के पुराने, अनिवार्य और असम्भव काम' से वाबस्ता है। यह विडम्बना ही कही जाएगी कि कवि को अपनी मूलभूमि से बिछुड़ना पड़ा और शहर के अजनबी और क्रूर चेहरे को वह कभी अपना अन्तरंग बना नहीं सका। जिस संस्कृति से विस्मय और विरक्ति थी, उसी का हिस्सा बन जाने की कचोट, उसका आत्म-व्यंग्य इस मुस्कराहट में छिपा है—

मैंने शहर को देखा और मैं मुस्कराया

वहाँ कोई कैसे रह सकता है
यह जानने मैं गया
और वापस न आया।

सन् 1988 में दूसरे कविता-संग्रह 'घर का रास्ता' के आते-आते मंगलेश डबराल के सामने स्पष्ट हो जाता है—उन्हीं के शब्दों में कहें तो—'कुछ भी उस तरह आसान नहीं है जैसा हम सोचते थे।' मगर

विफलता के एहसास से उनकी कविता की गहनता और मर्मस्पर्शिता बढ़ती है। दो काव्यांश ग़ौरतलब हैं—

गिरते हुए उसकी एक झलक
देखी मैंने
जो हँसते हुए मुझे गिरा रहा था
लगातार।

* * *

इसी तरह चलता है संसार
कुछ दिन मन में विद्रोह होता है घुमड़न रहती है
कोई दुख देखकर नीची कर लेनी होती है निगाह।

इन कविताओं में महानगरीय जीवन में ग़ुलामी के कुछ नए रूपों की शिनाख़्त है और गाँव की ज़िन्दगी के और अभावग्रस्त और तकलीफ़देह हो जाने का दंश। मंगलेश डबराल बेशक कवियों की मयनोशी, काव्यात्मक चिन्ताओं और उनके बन–ठनकर टहलने को ग़ैर–ज़रूरी मानते हैं, क्योंकि उनके मुताबिक़ एक सच्चे कवि की पहचान यह है कि वह 'रोज़ रात में ख़ुद को लहूलुहान' पाता है। यातना के इस मंज़र से गुज़रकर वह अपनी नागरिकता का शुल्क ही अदा नहीं करते, मुख्यधारा की संस्कृति से अपनी नाइत्तिफ़ाक़ी जताते हैं। यों उनके यहाँ जो आत्म–करुणा है, वह उसी वक़्त प्रतिकार की भी कार्रवाई है। इसका साक्ष्य हमें एक दूसरी कविता में मिलता है, जिससे लगता है कि उनकी कविताएँ एक–दूसरे से स्वायत्त नहीं हैं, बल्कि समवेत रूप में अपने समय का एक सम्पूर्ण पाठ निर्मित करती हैं—

परिस्थिति बहुत विकट है मैंने कहा
यहाँ तक कि नीला रंग
किसी को डरा सकता है
बदहवास कोई चीख़ने लग सकता है
इस आनन्द मंगल जगह में

प्रसिद्ध कवि आलोकधन्वा कहते हैं कि 'मंगलेश फूल की तरह नाज़ुक और पवित्र हैं।' निश्चय ही स्वभाव की सचाई, कोमलता, संजीदगी,

निस्पृहता और युयुत्सा उन्हें अपनी जड़ों से हासिल हुई है, पर इन मूल्यों को उन्होंने अपनी प्रतिश्रुति से अक्षुण्ण रखा है— *मैं भूल नहीं जाना चाहता था/अपने घर का रास्ता।*

मंगलेश डबराल की काव्यानुभूति की बनावट में उनके स्वभाव की केन्द्रीय भूमिका है। उनके अन्दाज़े-बयाँ में संकोच, मर्यादा और करुणा की एक लर्ज़िश है। एक आक्रामक, वाचाल और लालची समय में उन्होंने सफलता नहीं, सार्थकता को स्पृहणीय माना है और जब उनका मन्तव्य यह हो कि मनुष्य होना सबसे बड़ी सार्थकता है, तो ऐसा नहीं कि यह कोई आसान मकसद है, बल्कि सहज ही अनुमान किया जा सकता है कि यह आसानी कितनी दुश्वार है। 'संगतकार' के सतत संयम और त्याग में इसकी झलक द्रष्टव्य है—

...उसकी आवाज़ में जो एक हिचक साफ़ सुनाई देती है
या अपने स्वर को ऊँचा न उठाने की जो कोशिश है
उसे विफलता नहीं
उसकी मनुष्यता समझा जाना चाहिए।

('आवाज़ भी एक जगह है', 2000)

मंगलेश की कविताओं में समय के साथ ट्रेजेडी का बोध इतना गहन और सशक्त होता गया है कि उसे किसी प्रशंसा, पुरस्कार या प्रलोभन से विचलित नहीं किया जा सकता। समय की नृशंसता का इतना साफ़, सीधा और अचूक बयान शायद ही किसी ने दर्ज किया हो—

यह ऐसा समय है
जब कोई हो जा सकता है अन्धा लँगड़ा
बहरा बेघर पागल।

('हम जो देखते हैं', 1995)

ऐसे समय में आततायी शक्तियों से कोई निर्णायक संग्राम नहीं किया जा सका, जिसकी कविता के सफ़र की शुरुआत में एक उम्मीद नज़र आती थी। इसलिए कवि को 'अपनी तस्वीर' में 'किसी युद्ध से लौटने की यातना' दिखती है। मंगलेश तृणमूल स्तर की यथार्थ-चेतना के कवि हैं। उनकी कला और दार्शनिकता इसी चेतना की कोख से जनमती है। मसलन,

वैराग्य किसी गहरे सरोकार की निशानी हो सकता है और सुन्दरता के अभाव में भी उसके इसरार का अपना सौन्दर्य है—

एक कवि अपने लिए एक हाशिया खोजता है।...
हाशिया फैला है कवि की उम्र की तरह. जो नहीं है उसके इन्तज़ार की तरह।
जो नहीं होगा उसकी उम्मीद की तरह।

कविता में मंगलेश डबराल ने 'ज़ोरों से' बोलने की बजाए अपनी बात को 'सुन्दर कमज़ोर काँपती हुई आवाज़' में कहना पसन्द किया है—

ज़ोरों से नहीं बल्कि
बार-बार कहता था मैं अपनी बात
उसकी पूरी दुर्बलता के साथ
किसी उम्मीद में बतलाता था निराशाएँ

उनकी कविता की संजीदगी, सान्द्रता और औदात्य उनके इसी लहज़े पर निर्भर है। यह रूप और अन्तर्वस्तु की द्वन्द्वात्मक संहति है। बुनियादी तौर पर अभिव्यक्ति की यह शैली लोकतंत्र की सच्ची संस्कृति से निर्मित है। असम्प्रेषणीय होना दमनकारी सत्ता-तंत्र की रणनीति हो सकती है, मगर कवि के लिए मंगलेश चाहते हैं—'कुछ सरल शब्द/जिन्हें बोलते हुए शर्म न महसूस हो।' भाषा में सरलता, प्रेम में निश्छलता और कविता में पारदर्शिता की माँग दरअसल जीवन में एक ही तत्त्व की चाहत है और वह है सचाई—

एक सरल वाक्य बचाना मेरा उद्देश्य है
मसलन यह कि हम इनसान हैं
मैं चाहता हूँ इस वाक्य की सचाई बची रहे...

मैं चाहता हूँ निराशा बची रहे
जो फिर से एक उम्मीद
पैदा करती है अपने लिए
शब्द बचे रहें
जो चिड़ियों की तरह कभी पकड़ में नहीं आते
प्रेम में बचकानापन बचा रहे

कवियों में बची रहे थोड़ी लज्जा।

उत्कृष्टता, परिष्कार और प्रभविष्णुता के लिहाज़ से 2000 में प्रकाशित 'आवाज़ भी एक जगह है' मंगलेश डबराल का ही नहीं, हिन्दी कविता का एक अप्रतिम संग्रह है। इसी ने कविता में 'मंगलेशियत' की अवधारणा पर विचार और उसे स्वीकार करने के लिए काव्य-मर्मज्ञों को विवश किया। उन्नीसवीं सदी के अंग्रेज़ी के कला एवं साहित्य-चिन्तक, निबन्धकार वाल्टर पेटर का एक मशहूर कथन है—'ऑल आर्ट एस्पायर्स टु दि कंडीशन ऑफ़ म्यूज़िक', यानी समस्त कला अपनी अन्तिम परिणति में संगीत हो जाना चाहती है। यों यह विशेषता 'हम जो देखते हैं' की कविताओं में काफ़ी हद तक मौजूद है, मगर परवर्ती संग्रह और अधिक अपने आशयों की सघनता तथा व्याप्ति में संगीत का-सा प्रभाव पैदा करते हैं। अगरचे यह भूलना मुनासिब न होगा कि संगीत से कविता की भूमिका इस मानी में अलग है कि वह सांसारिक अराजकता, अन्याय और हिंसा से दूर नहीं ले जाती, बल्कि इनके 'प्रतिकार' को ही संगीत के तौर पर आविष्कृत करती है—

जो कुछ भी था जहाँ-तहाँ हर तरफ़
शोर की तरह लिखा हुआ
उसे ही लिखता मैं
संगीत की तरह।

सबब यह कि कविता विस्मरण नहीं, विचलन को अपना प्रस्थान-बिन्दु बनाती है। उसकी आकांक्षा इतिहास का हिस्सा बनने की नहीं, उसे बदलने की होती है। इसलिए वह प्रेम की ही मानिन्द निरी 'वास्तविक' या 'सामान्य' स्थितियों में सम्भव नहीं होती, बल्कि उनकी अपेक्षा एक उदात्त भूमि पर रची जाती है। कवि के एक अर्थ-सन्दर्भ को विस्तृत करके कहें, तो वह 'इतिहास के बाहर' घटित होती है और उसके अनुभव के अनन्तर हम पाते हैं कि हम अपने उसी रोज़मर्रा के बियाबान में लौट आए हैं—

चुम्बन एक ऐसी घटना है जो इतिहास के बाहर होती है।
एक बिलकुल अवास्तविक संसार में

... ...

अब सब कुछ सामान्य है हम एक आँधी या एक आग से बचकर आए हैं।
हम जीवित हैं और इतिहास में लौट चुके हैं और राहत की एक गहरी साँस ले रहे हैं।

यह 'राहत की साँस' कवि को मयस्सर नहीं, जैसा कि तादेऊष रूज़ेविच मानते हैं कि आधुनिक कविता 'साँस के लिए एक युद्ध' की तरह है। यों 'राहत में रहना' व्यावहारिक होने—मंगलेश डबराल के शब्दों में 'अपनी ही किसी आग-किसी क्रोध, प्रेम या विरोध' को नष्ट कर देने पर ही मुमकिन है। लाज़िम है कि उन्हें चीन के ली पाइ सरीखे प्राचीन महाकवि में अपना आदर्श मिलता है, जिसकी अनिवार्य विशेषताएँ आत्मविस्मृति, प्रेम, सौन्दर्य-दृष्टि, प्रकृति से संसक्ति, उत्सवों, युद्धों, महामहिमों तथा सत्ता के मद में चूर सरकारों का प्रतिकार और ग़रीबों, मज़लूमों तथा स्त्रियों की पीड़ा से प्रतिबद्धता है। निराला की याद आती है, जिन्होंने कभी निजी हित की साधना नहीं की, जबकि उनके इर्दगिर्द स्वार्थपरता का आलम था—'सोचा न कभी/अपने भविष्य की रचना पर चल रहे सभी।' मंगलेश इस दारुण हक़ीक़त से जी नहीं चुराते, बल्कि इसका सामना करते हैं कि हमने जो सभ्यता बनाई है, उसे अपने इन पूर्वजों की कोई स्मृति नहीं है—

सड़कों पर बसों में बैठकघरों में इतनी बड़ी भीड़ में कोई नहीं कहता
आज मुझे निराला की कुछ पंक्तियाँ याद आईं कोई नहीं कहता मैंने
नागार्जुन को पढ़ा है कोई नहीं कहता किस तरह मरे मुक्तिबोध।

पाँचवें कविता-संग्रह 'नए युग में शत्रु' (2013) तक आते-आते विडम्बना का यह एहसास मानो अपने चरम बिन्दु पर पहुँच जाता है—

लेकिन कहाँ लोप हो गए वे हकीर और फ़कीर
जो सब कुछ छोड़कर चले जाते थे और फिर ख़ाली हाथ लौट आते
ग़रीबी और दीवानगी किस रसातल में गई

मंगलेश की एक कविता 'क्रेमलिन कथा' के साक्ष्य से कहें, तो बीसवीं सदी के आख़िर में आम जनता के पास सबकी मुक्ति का कोई स्वप्न नहीं रह गया। इसकी बजाए उसमें-से हरेक आदमी अब 'अपने लिए एक-एक क्रेमलिन बनाने का सपना देखता है।' नतीजतन, यह एक प्रकार से फ़ासीवादी दौर की ही वापसी है—

जगह-जगह अब भी बने हुए हैं छोटे-छोटे यातना शिविर
जो जितना ताक़तवर उसके भीतर बैठा हुआ उसी के आकार
का एक हिटलर
और आज भी अँधेरे का वही युग

लोकतंत्र की इससे बड़ी हार क्या होगी कि हिंसा और विध्वंस करनेवाली ताक़तों को व्यापक जन-समर्थन हासिल है—

जिसने कुछ रचा नहीं समाज में
उसी का हो चला समाज
वही है नियन्ता जो कहता है तोड़ूँगा अभी और भी कुछ
जो है ख़ूँख़ार हँसी है उसके पास
जो नष्ट कर सकता है उसी का है सम्मान

झूठ फ़िलहाल जाना जाता है सच की तरह
प्रेम की जगह सिंहासन पर विराजती घृणा

ऐसे तत्त्व सिर्फ़ राजनीति तक सीमित नहीं, कला, संस्कृति और विज्ञापन के क्षेत्रों में भी इनका दबदबा है—

महँगे ताक़तवर चेहरे हर तरफ़ बढ़ते जा रहे हैं...
एक महानायक समाज को आँख मारता है
इन्हीं चेहरों से बना है हमारे वक़्त का प्रमुख आततायी विचार

एकध्रुवीय हो चुकी दुनिया अमेरिका के नेतृत्व में जिस नव-उदार आर्थिक सैन्य साम्राज्यवाद के साए में साँस लेने को अभिशप्त है, उसके मुख़्तलिफ़ रूपों और पहलुओं की शिनाख़्त की बदौलत मंगलेश डबराल की कविता हमारे समय के शायद सबसे अनिवार्य, विचारोत्तेजक और मार्मिक पाठ में बदल जाती है—

अन्ततः हमारा शत्रु भी एक नए युग में प्रवेश करता है
अपने जूतों कपड़ों और मोबाइलों के साथ
... ...
वह अपने को कम्प्यूटरों टेलीविज़नों मोबाइलों
आइपैडों की जटिल आँतों के भीतर फैला देता है
अचानक किसी महँगी गाड़ी के भीतर उसकी छाया नज़र आती है

'होटल, दूकान और अस्पताल' ही इस नई विश्व-व्यवस्था के सच हैं, यह 'युद्ध के भी कुशल प्रबन्धन' में यकीन करती है और यातना के व्यवसायीकरण में इसे कोई संकोच नहीं—

एक-सी ख़ूबी के साथ प्रबन्धित किए जा रहे हैं
मल्टीप्लैक्स और मेगामॉल गुआन्तेनामो और अबू ग़रेब के यातना कक्ष

एक स्तर पर यह निज़ाम *नए बैंक* की तरह *विशाल काँच की दीवार के पार एक सपाट और रोशन जगह है,* जिसमें सब कुछ अस्थिर और दिखावटी है और जिसके पास *बूढ़े लोगों की पेंशन का हिसाब सँभालने* की सहृदयता नहीं, बल्कि *सिर्फ़ दिये जानेवाले क़र्ज़ और लिये जानेवाले ब्याज का हिसाब रखने की ठंडी पारदर्शिता है।* असद ज़ैदी का यह आकलन सही है कि 'मंगलेश की कविता की मार्मिकता स्फटिक जैसी कठोरता लिये हुए है।' इसकी वजह यह है कि वह यथार्थ की तल्ख़ी का—उसके समस्त ब्यौरों में—सामना करते हैं और उसे ललित, अमूर्त या 'काव्यात्मक' बना देने के मोह में नहीं पड़ते। मसलन, सभ्यता के हाशिए पर जीने को मजबूर आदिवासियों से भारत के शासक-वर्ग का सुलूक कितना अमानुषिक है और किस तरह वह उसकी बहुमूल्य प्राकृतिक सम्पदा औने-पौने दामों में बहुराष्ट्रीय कम्पनियों को बेचने पर आमादा है—इस सच को सादगी से कह सकना इसके प्रति कवि की संजीदगी का सुबूत है—

अख़बारी रिपोर्टें बतलाती हैं कि जो लोग उस पर शासन करते हैं

देश के 636 में से 230 ज़िलों में
उनका उससे मनुष्यों जैसा कोई सरोकार नहीं रह गया है
उन्हें सिर्फ़ उसके पैरों तले की ज़मीन में दबी हुई
सोने की एक नई चिड़िया दिखाई देती है

जैसे-जैसे नव-उदार पूँजीवाद व्यापक और सशक्त होता गया है, उसके द्वारा पोषित पितृसत्तात्मक और हिन्दुत्ववादी प्रभु-वर्ग की बर्बरता और हिंसा बढ़ी है। ज़ाहिर है कि इसके निशाने पर सबसे ज़्यादा स्त्रियाँ, अल्पसंख्यक और दलित रहते हैं। मंगलेश डबराल की कविता न सिर्फ़ इन समुदायों के समर्थन में खड़ी है—जो शायद सामान्य तौर पर वांछनीय एक विशेषता है—उससे बड़ी बात यह है कि यह उनसे एकात्म है। यों उसने अपने अन्तःकरण की विशालता को सत्यापित किया है—*आँसुओं से भीगे हुए लोगों को कविता ले जाती है अपने भीतर।* दबे-कुचले वर्गों की साधारणता की वह सहचर है, इसलिए उससे सहानुभूति ही नहीं रखती, उसका सम्मान भी करती है। प्रतिभा या श्रेष्ठता को मंगलेश ने मनुष्य का जन्मजात गुण कभी नहीं माना। उनके लिए वह श्रेष्ठता अस्वीकार्य है, जो सामान्य जन-समाज पर ऊपर से थोप दी जाए। इसके विपरीत वह उस औदात्य के कायल हैं, जिसे हर साधारण जन अपने अध्यवसाय और निष्ठा से अर्जित कर सकता है और जिसका एक स्वतंत्र और न्यायप्रिय व्यवस्था में उसे अधिकार होना चाहिए। स्वयं उनकी कविता इसका साक्ष्य है, जिसके उद्‌भव और उन्नयन दोनों में कोई करिश्मा नहीं है, बल्कि जो उनके संघर्ष, संवेदना और चिन्तन के संश्लेष से उत्तरोत्तर उत्कृष्ट होती गई है। उसके इस विकासशील सफ़र के मद्‌देनज़र एक तरफ़ आधुनिक हिन्दी के प्रेमचन्द, मुक्तिबोध और रघुवीर सहाय सरीखे रचनाकार याद आते हैं, दूसरी ओर उनकी ही यह काव्य-पंक्ति—*एक साधारण जीवन में एक असाधारण आग जलती रहती है।*

मंगलेश डबराल की काव्य-यात्रा में साधारण जन के प्रति उनकी अजस्त्र ममता और करुणा अन्तःसलिल है। इसी की बदौलत उन्होंने हिंसक होते समय में भी अपनी कविता की आन्तरिक कोमलता, संगीत और सजलता को बचाकर रखा है। एक तपते हुए और बंजर यथार्थ-बोध

के बरअक्स प्यार और संवेदना की यह अनिवार्य कसौटी उनके सृजन ही नहीं, जीवन-दर्शन को भी हमारे लिए आत्मीय और मूल्यवान बनाती है—*अपने भीतर जाओ और एक नमी को छुओ/देखो वह बची हुई है या नहीं इस निर्मम समय में।* इसलिए पहले की जगह अगर आम आदमी है, जो विस्मृत, वंचित, उत्पीड़ित, नष्ट अथवा मृत है, तो कवि उसके बदले हमेशा *हाज़िरी लगाता हुआ* दूसरा है। पहले से उसकी भिन्नता की कोई वजह नहीं है, वह महज़ इत्तिफ़ाक़ है—

मैं पहले की चीख़ हूँ पहले का शोक पहले का प्रेम
पहले को याद करता हुआ एक अन्तहीन दूसरा।

कहने की ज़रूरत नहीं कि सामान्य जन से यह अनन्त सादृश्य, असीम एकात्मता और इसलिए अदम्य संवेदनात्मक प्रतिबद्धता मंगलेश की कविता की एक बड़ी उपलब्धि है। इसी औदात्य का दूसरा पहलू उनके संवेदना-जगत में स्त्रीत्व की मौजूदगी है। प्यार का शायद सर्वश्रेष्ठ रूप अपने प्रिय की विशेषताओं का आत्मसातीकरण है। उसके प्रति कृतज्ञता की भी यह सम्भवतः सर्वश्रेष्ठ अभिव्यक्ति है। मनुष्य-समाज ने सत्ता, सम्पत्ति, सम्प्रदाय, जाति, जेंडर, नस्ल और राष्ट्रीयता के आधार पर जो विभाजक रेखाएँ खींच रखी हैं, उन्हें मिटाने को मंगलेश की कविता अपना प्राथमिक कर्तव्य मानती है। विषमता और पार्थक्य की दीवारों को गिराने का काम जितने संजीदा, सम्पूर्ण और प्रभावशाली ढंग से उन्होंने किया है; शायद वह इस वक़्त की हिन्दी कविता में अन्यतम है। ऐसा करके वह अपनी कविता को और समृद्ध, सुन्दर और संवेदनक्षम बनाते हैं—

एक स्त्री के कारण तुम्हारा रास्ता अँधेरे में नहीं कटा
रोशनी दिखी इधर-उधर

एक स्त्री के कारण एक स्त्री
बची रही तुम्हारे भीतर।

निश्चय ही प्यार और करुणा से निःसृत आलोक का कोई विकल्प नहीं। मगर कविता के द्वारा लोकतंत्र के बुनियादी सिद्धान्तों, यानी समता, स्वतंत्रता और बन्धुत्व की अहमियत के इसरार के बावजूद स्वाधीन भारत

की सबसे बड़ी विडम्बना यह है कि विगत कुछ दशकों में सत्ता-केन्द्रित राजनीति और राजनीतिक सत्ता-तंत्र दोनों अक्सर प्रच्छन्न या खुले तौर पर अधिकाधिक साम्प्रदायिक हुए हैं। कभी उन्होंने साम्प्रदायिक हिंसा और विध्वंस को बढ़ावा दिया है और कभी स्वयं उसमें लिप्त रहे हैं। संविधान की प्रस्तावना के इस आपराधिक उल्लंघन से वैमनस्य और तबाही के अलावा कुछ हासिल नहीं होगा। मंगलेश डबराल की एक कविता 'अंजार' से हमें एहसास होता है कि भूकम्प सरीखी प्राकृतिक आपदा से यह कहीं ज़्यादा भयावह है, क्योंकि यह मनुष्य-कृत है—एक 'लपकती-लीलती हुई आग', जिसने मानो इम्तिहान देती हुई मनुष्यता के समक्ष 'रक्त और मृत्यु को ही मुख्य प्रश्नपत्र' बना दिया है। भूकम्प में अगर 'भूगर्भ का अन्धकार मलबे की तरह उठकर आता है', तो साम्प्रदायिकता मनुष्य के तामसिक मनोलोक की अभिव्यक्ति है। उसका विस्तार उन सपनों को जलाकर राख कर देगा, जो हमारे स्वाधीनता-सेनानियों ने सँजोये थे—'जगह-जगह अंजार हमारे भविष्य का मज़ार।'

प्रसंगवश, सन् 2002 में गुजरात में अल्पसंख्यकों का क़त्लेआम आज़ाद हिन्दुस्तान की शायद सबसे स्तब्ध करनेवाली त्रासदी थी। हिन्दी कविता ने एकजुट होकर व्यापक और विविध स्तर पर उस नृशंसता का ज़बरदस्त प्रतिकार किया था। आलोकधन्वा के शब्दों का सहारा लेकर कहें, तो इतिहास में 'इस बात का महत्त्व कभी धूमिल नहीं होगा' कि मंगलेश डबराल की कविता 'गुजरात के मृतक का बयान' इस सामूहिक रचनात्मक कार्रवाई की शीर्ष उपलब्धि के तौर पर तस्लीम की गई। यों इसकी सार्थकता के कई ग़ौरतलब पहलू हैं, पर सबसे मार्मिक अन्तर्विरोध यह है कि एक साधारण श्रमिक-कारीगर के अस्तित्व-रक्षा के संघर्ष में सत्ता कभी मददगार तो नहीं ही रही, जो उसका स्वाभाविक कर्तव्य या 'राजधर्म' था; उलटे वक़्त के एक नाज़ुक मोड़ पर उसकी और उसके जैसे अदना लोगों की हत्या को एक महान काम की तरह अंजाम देने में उसे कोई हिचक नहीं हुई—

और मुझे इस तरह मारा गया
जैसे एक साथ बहुत से दूसरे लोग मारे जा रहे हों

मेरे जीवित होने का कोई बड़ा मक़सद नहीं था
लेकिन मुझे इस तरह मारा गया
जैसे मुझे मारना कोई बड़ा मक़सद हो

इनसान को ज़िन्दा जलाकर मार डालने की क्रूरता पर मंगलेश ने बहुत हैरत और क्षोभ ज़ाहिर किया है। मसलन इसी कविता में—

जब मुझे जलाकर पूरा मार दिया गया
तब तक मुझे आग के ऐसे इस्तेमाल के बारे में पता नहीं था

आग को वह मानवीय मूल्यों की आभा और अन्याय के प्रति आक्रोश की आँच के रूप में मनुष्य-आत्मा के लिए अपरिहार्य मानते हैं और इसलिए भी कि पूर्वजों ने उसका आविष्कार मनुष्यता के पोषण के लिए किया था, उत्पीड़न के लिए नहीं—

आग लगानेवालो
इससे दूसरों के घर मत जलाओ
आग मनुष्य की सबसे पुरानी अच्छाई है
यह आत्मा में निवास करती है और हमारा भोजन पकाती है

कैसी विडम्बना है कि हमारे समय में एक ओर आग के मनुष्यहंता इस्तेमाल के तरीके विकसित किये गए हैं, दूसरी तरफ़ उसकी श्रेष्ठता को अंगीकार किया जा रहा है, तो उसके क्रान्तिकारी आशयों से विच्छिन्न करके। महज़ सिद्धान्त, विज्ञापन या शोभा के वास्ते। आग की ऐसी निष्क्रिय-निर्जीव चमक से सत्ता को भला क्या एतराज़ हो सकता है? मंगलेश 2012 में लिखी गई एक कविता में अपने बचपन को याद करते हैं, जब उनके पिता एक 'सुन्दर-सी' टॉर्च लाए थे। उसे ठीक-ठीक न जानने के कारण पड़ोस की एक वृद्ध स्त्री ने उससे चूल्हा जलाने के लिए थोड़ी-सी आग माँगी थी। पिता ने जब सचाई बयान की, तो उस स्त्री ने कहा—'उजाले में थोड़ा आग भी होती तो कितना अच्छा था।' प्रसंगवश, शमशेर का एक शे'र है—'कहीं सर्द ख़ूँ में तड़पती है बिजली/ज़माने का रद्दो-बदल कोई लाए।' इसके बरअक्स अब उजाला तो बहुत है, पर अपनी आन्तरिक ऊर्जा से महरूम होकर वह यथास्थिति को मज़बूत करने के काम आता है। इस परिदृश्य में प्रतिगामी शक्तियाँ बहुत संगठित और

हमलावर हैं, जबकि उनका प्रतिपक्ष उतना ही बिखरा हुआ और लाचार नज़र आता है—

इन दिनों हर कोई जल्दी में है
लोग थोड़ी-थोड़ी देर के लिए झलकते हैं अकेले पीते हुए
धुँधले आकारों जैसे वे एक-दूसरे की तरफ़ आते हैं
उनके हाथ में होता है वही अकेलेपन का गिलास

मंगलेश की कविता में दुख, विवशता, अपमान और अन्याय के सन्दर्भ क्रमशः बढ़ते गए हैं, क्योंकि लोगों के बीच की बेगानगी, ख़ुदग़रज़ी, अस्थिरता और संवेदनहीनता बेतहाशा बढ़ी है। संचार-साधनों पर 'कुछ दूसरी तरह के वार्तालाप' हैं, जिनमें 'महज़ व्यापार महज़ लेन-देन ख़रीद-फ़रोख़्त की आवाज़ें' सुनाई पड़ती हैं। पूँजी के वर्चस्व और वस्तु-पूजा के शिकार तो लोग पहले भी किसी हद तक थे, पर इस दर्जे का आत्म-छल, अभिनय और अगम्भीरता उनमें शायद कभी न थी। जब वे सिर्फ़ सत्ता, सम्पत्ति और सफलता के तलबगार रह गए हों, तो उनकी और मंज़िल भी क्या हो सकती थी? जिस समाज में सच को जानने की परवाह, उसका सामना करने की हिम्मत और उसे बदलने की बेचैनी न रह गई हो, ज़ाहिर है कि वह लड़ाई के सबसे मुश्किल दौर में है—

नए ग़ुलाम इतने मज़े में दिखते हैं
कि उन्हें किसी दुख के बारे में बताना कठिन लगता है

... ...

और यह भी तय है कि इस बार लड़ना ज़्यादा कठिन है
क्योंकि ज़्यादातर लोग अपने को जीता हुआ मानते हैं और हँसते हैं
हर बार कुछ छिपाते हुए लगते हैं
कोई हादसा जिसे बार-बार अनदेखा किया जाता है
उसकी एक बची हुई चीख़ जो हमेशा अनसुनी छोड़ दी जाती है।

इस तरह हम देखते हैं कि मंगलेश डबराल के यहाँ जिस संवेदना की अभिव्यक्ति हुई है, उसकी जड़ें हमारे वक़्त के यथार्थ में बहुत गहरे गई हैं। जिस तरह 'आदिवासी' के सम्बन्ध में उन्होंने लिखा है कि 'यह गहरा अरण्य उसका अध्यात्म नहीं उसका घर है', वैसे ही उनकी कविता में

निराशा का सर्वातिशायी इसरार उसका भावातिरेक नहीं, उसकी सचाई है। यह निजी क़िस्म की निराशा नहीं है, इसीलिए उसका अन्त खुला हुआ है—'वह फिर से एक उम्मीद पैदा करती है अपने लिए' और 'उसे हम इस तरह बचाए रखते हैं जैसे वही सबसे बड़ी ख़ुशी हो।' दरअसल कवि के लिए सही होना सबसे बड़ी सान्त्वना है। इसी तर्क से निराशा में उम्मीद की गली खुलती है। मनुष्यता के जिस चरम स्तर पर हम उससे रूबरू होते हैं; वहाँ सुख और दुख, आशा और निराशा, स्वप्न और वास्तविकता के बीच कोई फ़र्क़ नहीं रह जाता, वे एक ही सच के अविभाज्य पहलू हैं। वहाँ एक ही कसौटी है कि आप कितने विवेकशील और ईमानदार हैं—

जो लोग दुख को ईजाद नहीं कर पाते वे उसे देख भी नहीं पाते
क्योंकि सोचना ही देखने की पहली अनिवार्य शर्त है

सोच की संजीदगी के इस विरल प्रस्ताव का मूल्य तब और बढ़ जाता है, जब हम अपने चारों ओर पाते हैं कि 'प्रेम की एक परत का नाम है प्रेम/अध्यात्म की खाल जैसा अध्यात्म।' ऐसे समय में अचरज नहीं कि मंगलेश डबराल को अपनी कविता 'रोज़ एक निर्जन में जाकर, उस निर्जन के दरवाज़े पर दस्तक देने' सरीखी कार्रवाई मालूम होती है। यों कविता के रूप में आशा और निराशा के जिस द्वन्द्व की रचना उन्होंने की है, अन्तोनियो ग्राम्शी के शब्दों में कहें, तो वह 'पैसिमिज़्म ऑफ़ दि इंटेलेक्ट, ऑप्टिमिज़्म ऑफ़ दि हार्ट' यानी बुद्धिजन्य नैराश्य और हृदय का आशावाद की गतिशील द्वन्द्वात्मक संहति है। ग़ौरतलब है कि हाल ही में साहित्य अकादेमी में अपने एकल कविता-पाठ के कार्यक्रम 'कवि-संधि' में पाठकों-श्रोताओं से मुख़ातिब होते हुए उन्होंने सिर्फ़ यह कहने का साहस नहीं किया कि 'मैं निराशा का कवि हूँ', बल्कि आत्म-स्वीकार को इस इन्तिहा तक ले गए कि 'मैं अपनी कविता से भी निराश हूँ।' यह आत्यन्तिक आत्म-निर्ममता उनके जैसे कवि के लिए ही मुमकिन है। इसकी बुनियाद में जो सहृदयता है, उससे उन्हीं के शब्द याद आते हैं —'जीवन के आख़िरी हासिल में/एक बड़ा-सा काग़ज़ बचा हुआ रहता है।' कहने की ज़रूरत नहीं कि इस काग़ज़ पर वह स्वयं या कोई भी कवि एक नई कविता लिख सकता है।

मंगलेश डबराल के काव्य-संसार में निराशा की वजह है प्रेम की असम्भाव्यता और मनुष्यता की संकटापन्न हालत, जिसके नेपथ्य में पूँजी का अप्रत्याशित आधिपत्य है। इसे वह मानव-सभ्यता की केन्द्रीय विडम्बना की तरह चिह्नित करते हैं। मार्क्स के शब्दों को ज़रा बदलकर कहें, तो 'सार्वभौमिकता का सूरज डूब जाने से जो अन्धकार उमड़ता आता है, उसमें पतंगा निजता की शमा को खोजता है।' ऐसे परिदृश्य में साधारण जन-समाज की वेध्यता और संघर्ष में कवि ने अपना जो अक्स देखा है, उससे अधिक मार्मिक और प्रभावशाली हमारे समय की तस्वीर क्या होगी—

ओ भाई बेला कुबेला सब चली गई
सूर्य अस्त हो गया और चन्द्रमा गिर पड़ा
अब तुम्हारी नाव में रात का पानी हहराता आता है
उसे उलीचते-उलीचते ही कैसे बीत रहा तुम्हारा जीवन

ओ भाई देखो यह गोलमाल दुनियादारी
इस प्रीत के भीतर क्या है भय गुलाबी झकमारी
कोई नहीं जानता प्रेम किसी को मिला नहीं मोनेर मानुष
देखो सब किस तरह मरण की शरण में हैं जीवित

मंगलेश की कविता ने प्रेम को बराबर एक सर्वोच्च मूल्य के तौर पर प्रतिष्ठित किया है। लेकिन एकान्त में नहीं, यातना के बरअक्स क्योंकि प्रेम को नष्ट किया जाना ही यातना का सबब है और मुक्ति अगर सम्भव है, तो प्रेम की ही मार्फ़त। इसलिए न उन्होंने प्रेम और यातना की अलग-अलग कोटियाँ निर्मित कीं, न कला और प्रतिबद्धता की। शमशेर और मुक्तिबोध की स्मृति में उनकी एक कविता है—'दो कवियों की कथा', जिसमें वह कहते हैं कि 'प्रेम के सबसे सघन कवि को प्रेम नहीं मिला' और 'यातना के सबसे बीहड़ कवि को यातना ही मिली।' पर यह जानना ज़रूरी है कि 'यातना का कवि ही प्रेम के कवि का एक सच्चा दोस्त था।' दरअसल दोस्ती के इस आईने में दोनों तरह की अन्तर्वस्तुओं की मूलभूत एकता पहचानी जा सकती है। वैसे तो यह एक रूपक ही है, मगर आज

की हिन्दी कविता में मंगलेश डबराल का होना इस मानी में असाधारण है कि उनके कवि में 'यातना का कवि' और 'प्रेम का कवि' दोनों जैसे एकाकार हो गए हैं—

यातना का कवि जल्दी ही इस संसार से चला गया
तब प्रेम के कवि ने सोचा मुझे रहना चाहिए यहाँ कुछ दिन और
अन्ततः प्रेम ही है यातना का प्रतिकार
अन्याय का प्रतिशोध
फिर वह अकेला झेलता रहा सारी यातना रह सका जितनी देर।

—पंकज चतुर्वेदी

सागर, मध्य प्रदेश

अनुक्रम

आवाज़ें

कुछ देर बाद
शुरू होंगी आवाज़ें

पहले एक कुत्ता भूँकेगा पास से
कुछ दूर हिनहिनाएगा एक घोड़ा
बस्ती के पार सियार बोलेंगे

बीच में कहीं होगा झींगुर का बोलना
पत्तों का हिलना
बीच में कहीं होगा
रास्ते पर किसी का अकेले चलना

इन सबसे बाहर
एक बाघ के डुकरने की आवाज़
होगी मेरे गाँव में।

1979

आते-जाते

यहाँ आते-जाते मैंने
भूख के बारे में सोचा जो
दिन में तीन बार लगती थी

और चाहती थी थोड़ा-सा अन्न
कर जाती थी थोड़ा-सा पराजित
हर बार एक स्वप्न दब जाता था उसके नीचे
चेहरे पर आँखों में पूरी देह में
दिखती थी गुर्राती हुई वह हर जगह
माँगती हुई एक इच्छा का रक्त

यहाँ आते-जाते मैंने
ऊब के बारे में सोचा जो
मेज़ पर फैले पानी में काँपते हुए
हमारे चेहरों से टपककर फैलती जाती थी
आसपास कभी कोई आदमी दिखता था
हाँफता अँधेरे में जाता हुआ
कभी कोई औरत दिखती थी
अपना डर छिपाती हुई

यहाँ आते-जाते मैंने
उम्मीद के बारे में सोचा
जिसे अभी कई लड़ाइयाँ लड़नी थीं
फ़ैसले सुनाने थे कब से किये हुए
चारों ओर एक विशाल समरांगण होना था
और बच्चों को दौड़ते हुए आना था
हवाएँ चलनी थीं घंटियाँ बजनी थीं
हर किसी के लौट आने की सूचना देती हुई

यहाँ आते-जाते मैंने
शहर के बारे में सोचा
जो पालतू सूर्यास्त और सनसनीख़ेज़ ख़बरों से
लौटकर अपने मुखौटे छिपा रहा था
किसी तरह सोने की जगह बनाते

दोस्तों से मैंने कहा
कुछ भी बचाया नहीं जा सकता
रात में हम जो सपने देखेंगे
वे भी सुबह यहीं छूट जाएँगे
बाहर एक सड़क होगी कहीं जाती हुई
एक बस होगी हमें वहाँ ले जाती हुई
एक नौकरी होगी धमकाती काम कराती हुई

यहाँ आते-जाते
मैंने दुनिया के बारे में सोचा
जो चारों ओर से बन्द और डरी हुई थी
हमारे दिमाग़ों की तरह
नंगी पड़ी चीज़ों के बाहर और भीतर
ख़ामोशी थी किताबों में
चौरस्तों पर आसमान में
कविताएँ लिख-लिखकर
हम एक विशाल अँधेरे में फेंकते जाते थे
हमारे शब्दों से कितनी दूर
ज़िन्दा रहते थे लोग
हमारी चीख़ से कितनी दूर मार दिए जाते थे वे
किसी मोड़ पर।

1976

घर

यह जो हाथ बाँधे सामने खड़ा है   घर है

काली काठ की दीवालों पर साँप बने हैं
जिन पर पीठ टेकने के निशान हैं

इनमें दीमकें लगी हैं
जो जब चलती हैं पूरा घर काँपता है

इसमें काठ का एक सन्दूक है
जिसके भीतर चीथड़ों और स्वप्नों का
एक मिला-जुला अन्धकार है
इसको पिता ने दादा से प्राप्त किया था
और दादा ने ख़ुद कमाकर
घर जब टूटेगा बक्स तभी उठेगा

कई बच्चे बड़े हुए इस घर में
गिरते-पड़ते आख़िरकार
खाने-कमाने की खोज में तितर-बितर होते हुए
यहाँ कुछ मौतें हुईं
कुछ स्त्रियाँ रोईं इस तरह
कि बस उनका सुबकना सुनाई दे
कुछ बहुत पुरानी चीज़ें अब भी बजती हैं घर में

दिन-भर लकड़ी ढोकर माँ आग जलाती है
पिता डाकख़ाने में चिट्ठी का इन्तज़ार करके
लौटते हैं हाथ-पाँव में
दर्द की शिकायत के साथ
रात में जब घर काँपता है
पिता सोचते हैं जब मैं नहीं हूँगा
क्या होगा इस घर का।

1975

सबसे अच्छी तारीख़

ज़रा-सा आसमान जरा-सी हवा
ज़रा-सी आहट

बची रहती है हर तारीख़ में
यहीं कहीं हैं वे लचीली तारीख़ें
वे हवादार जगहें
जहाँ हम सबसे ज़्यादा जीवित होते हैं
शब्दों को स्वाद में बदलते हुए
नामों को चेहरों में
और रंगों को संगीत में

वर्ष अपनी गठरी में लाते हैं
असंख्य तारीख़ें
और उन्हें फैला देते हैं पृथ्वी पर
तारीख़ें तनती हैं
तमतमाये चेहरों की तरह
इतवार की तमाम तारीख़ें घूरती हैं
लाल आँखों से
तारीख़ें चिल्लाती हैं भूख   तारीख़ें
माँगती हैं न्याय

कुछ ही तारीख़ें हैं जो निर्जन रहती हैं
पुराने मकानों की तरह
उदास काली खोखली तारीख़ें
जिनमें शेष नहीं है ताक़त
जो बर्दाश्त नहीं कर पातीं बोझ
कुछ ही तारीख़ें हैं
जो पिछले महीनों   पिछले वर्षों की
तारीख़ें होती हैं   नदी के किनारों पर
झाग की तरह छूटी हुईं

सबसे अच्छी तारीख़ है वह
जिस पर टँगे रहते हैं घर-भर के

धुले कपड़े   जिसमें फैली होती है
भोजन की गर्म ख़ुशबू   जिसमें फल पकते हैं
जिसमें रखी होती हैं चिट्ठियाँ और यात्राएँ
सबसे अच्छी तारीख़ है वह
जिसमें बर्फ़ गिरती है और आग जलती है
सबसे अच्छी तारीख़ है वह
जो ख़ाली रहती है
जिसे हम काम से भरते हैं
वह तारीख़ जो बाहर रहती है कैलेंडर से।

1979

तुम्हारा प्यार

[एक पहाड़ी लोकगीत से प्रेरित]

तुम्हारा प्यार लड्डुओं का थाल है
जिसे मैं खा जाना चाहता हूँ

तुम्हारा प्यार एक लाल रूमाल है
जिसे मैं झंडे-सा फहराना चाहता हूँ

तुम्हारा प्यार एक पेड़ है
जिसकी हरी ओट से मैं तारों को देखता हूँ

तुम्हारा प्यार एक झील है
जहाँ मैं तैरता हूँ और डूब रहता हूँ

तुम्हारा प्यार पूरा गाँव है
जहाँ मैं होता हूँ।

1976

शहर-1

मैंने शहर को देखा और मैं मुस्कराया

वहाँ कोई कैसे रह सकता है
यह जानने मैं गया
और वापस न आया।

1974

पहाड़ पर लालटेन

जंगल में औरतें हैं
लकड़ियों के गट्ठर के नीचे बेहोश
जंगल में बच्चे हैं
असमय दफ़नाए जाते हुए
जंगल में नंगे पैर चलते बूढ़े हैं
डरते-खाँसते अन्त में ग़ायब हो जाते हुए
जंगल में लगातार कुल्हाड़ियाँ चल रही हैं
जंगल में सोया है रक्त

धूप में तपती हुई चट्टानों के पीछे
वर्षों के आर्त्तनाद हैं
और थोड़ी-सी घास है बहुत प्राचीन
पानी में हिलती हुई
अगले मौसम के जबड़े तक पहुँचते पेड़
रातोंरात नंगे होते हैं
सूई की नोक जैसे सन्नाटे में
जली हुई धरती करवट लेती है
और एक विशाल चक्के की तरह घूमता है आसमान

जिसे तुम्हारे पूर्वज लाए थे यहाँ तक
वह पहाड़ दुख की तरह टूटता आता है हर साल
सारे वर्ष सारी सदियाँ
बर्फ़ की तरह जमती जाती हैं निःस्वप्न आँखों में
तुम्हारी आत्मा में
चूल्हों के पास पारिवारिक अन्धकार में
बिखरे हैं तुम्हारे लाचार शब्द
अकाल में बटोरे गए दानों जैसे शब्द

दूर एक लालटेन जलती है पहाड़ पर
एक तेज़ आँख की तरह
टिमटिमाती धीरे-धीरे आग बनती हुई
देखो अपने गिरवी रखे हुए खेत
बिलखती स्त्रियों के उतारे गए गहने
देखो भूख से बाढ़ से महामारी से मरे हुए
सारे लोग उभर आए हैं चट्टानों से
दोनों हाथों से बेशुमार बर्फ़ झाड़कर
अपनी भूख को देखो
जो एक मुस्तैद पंजे में बदल रही है
जंगल से लगातार एक दहाड़ आ रही है
और इच्छाएँ दाँत पैने कर रही हैं
पत्थरों पर।

1974

अत्याचारियों की थकान

अत्याचार करने के बाद
अत्याचारी निगाह डालते हैं बच्चों पर

उठा लेते हैं उन्हें गोद में
अपने जीतने की कथा सुनाते हैं

कहते हैं
बच्चे कितने अच्छे हैं
हमारी तरह नहीं हैं वे अत्याचारी

बच्चों के पास आकर
थकान मिट जाती है उनकी
जो पैदा हुई थी करके अत्याचार।

1980

तानाशाह कहता है

हमारे बिना तुम कुछ नहीं कर सकते
तानाशाह कहता है
तुम उठ नहीं सकते   साँस नहीं ले सकते
कहीं आ-जा नहीं सकते
हम न हों तो तुम भी नहीं हो सकते

देखो तुम्हारी झोंपड़ियों के छप्पर
उड़ गए हैं
और कई रोज़ से तुमने कुछ नहीं खाया
तुम्हारी फ़सल कोई लूट ले गया है
तुम्हारे बच्चे रो रहे हैं
आसमान की ओर मुँह किये हुए

फिर भी तुम ख़ुश रह सकते हो
अगर हमारे होकर रहो

हम तुम्हारे लिए ही आए हैं
कहता हुआ तानाशाह नेपथ्य से आता है
जो हमारा नहीं उसकी ख़ैर नहीं
कहकर मुस्कराता है

तानाशाह कहता है
धैर्य रखो धैर्य बड़ी चीज़ है
अपने दुख के बारे में मत सोचो
और दुख होगा
मुझसे देखा नहीं जाता तुम्हारा दुख
देखो देखो कितना बड़ा है मेरा दुख

तानाशाह चाहता है
तुम सिर्फ़ उसके दुख के बारे में सोचो
और कुछ करना ही है
तो इतना करो
कि जब वह मरने लगे
तो खोज लाओ एक नया तानाशाह।

1980

खिड़की

इस खिड़की के बाहर
मेरा इन्तज़ार हो रहा है
मुट्ठियाँ ताने हुए शब्दों की तरह
हरे पत्तों से भरपूर सुबह दिखेगी
एक बड़ी भूरी चिड़िया की तरह
कोहरा टहनियों पर टिका होगा
एक छत से धुआँ उठ रहा होगा

एक बच्चा सड़क पर पड़ी
पतंग ले जाता होगा अपने घर
उसकी ओस पोंछता हुआ

इस खिड़की के बाहर
मेरा इन्तज़ार हो रहा है
वहाँ मेरे बचपन के कपड़े सूख रहे हैं
नए पत्तों के फूटने की ख़बर
पिता की चिट्ठी
और माँ की हँसी फैली होगी धूप में
वहाँ मेरे दोस्त होंगे
ज़िन्दगी में जाने के लिए तैयार
कपड़े पहनते हुए
सूरज होगा एक-एक दृश्य से टकराता हुआ

इस खिड़की के बाहर
मेरा इन्तज़ार हो रहा है
रात के स्याह पानी से उभरते
घरों की खिड़कियाँ खुल रही हैं
आँखों की तरह
मुझे यह खिड़की खोलनी चाहिए
जो तमाम खिड़कियों के
खुलने की शुरुआत है।

1979

सपना

मैं गिरा एकाएक
जैसे सपने से

जैसे चलते-चलते कोई गिरता है
सड़क पर अधबीच

यह मेरी त्वचा के गिरने का सपना था
अपनी आत्मा सहित
मुँह और रोंओं के गिरने का सपना
मेरी गृहस्थी गिरी मेरे साथ
ज़ेब में रखी हुई चीज़ें
जिन्हें मैं बार-बार निकालकर
रखता था फिर जेब में

गिरते गए अब तक कमाए
तमाम मेरे अनुभव
रोने-धोने की आवाज़ें गिरीं साथ-साथ
किसी ने गिरा दिए
मेरे कपड़े भी
बारिश और हवा से दूर
गिरता रहा मैं धरती
और रसातल से दूर

गिरते हुए उसकी एक झलक
देखी मैंने
जो हँसते हुए मुझे गिरा रहा था
लगातार।

1986

आश्चर्यलोक

जाते ही धम से कुर्सी पर बैठ
कुछ देर मैं खोया-खोया-सा लगूँगा
फिर निगाह उठाकर चौतरफ़ा देखूँगा
मन्द मुस्कराते हुए
मुझे आश्चर्य नहीं होगा किसी बात पर
पहली बार किसी चीज़ को देखकर
ख़ुशी या दुख से मैं चौंक नहीं उठूँगा

परेशान एक आदमी आएगा हाँफता हुआ
मुझे लू लग गई जी
मेरे पूरे परिवार को
गर्मी में भटकने की बजाय आप क्यों नहीं
आराम करते घर में कहकर मैं चुप लगा लूँगा
ऐनक ठीक करता हुआ हो जाऊँगा व्यस्त

तभी आएगा एक नाराज़ आदमी
हद हो गई अब नहीं होता बर्दाश्त
देखिए शहर में खुले आम घूमते हैं हत्यारे
थोड़ा मुस्कराते हुए मैं कहूँगा भाई
अच्छे-ख़ासे तुम क्यों चले आए इस शहर
तुम जैसों के रहने की नहीं है यह जगह

अन्ततः मैं शान्त और सन्तुष्ट रहूँगा
बिना हैरत बिना अफ़सोस
सोचता हुआ कैसे सुलझा लिये मैंने जीवन के संकट
इसी तरह चलता है संसार

कुछ दिन मन में विद्रोह होता है घुमड़न रहती है
कोई दुख देखकर नीची कर लेनी होती है निगाह।

1984

दूसरा हाथ

आख़िरकार मेरे पास एक ही हाथ है
उससे कितने काम कर सकता हूँ मैं
मैंने कहा
मेरा दूसरा हाथ लगभग बेकार है
कम ही काम आता है यह किसी के
और अकसर मुझे याद नहीं रहता
कि एक दूसरा भी हाथ है मेरे पास

इसी एक हाथ से मैं कर पाता हूँ काम
मसलन आपके घर पानी भरना
आभार के शब्द लिखना
बसों की रेलिंग से लटकना
सार-सँभाल करना आपके संसार की
चलते हुए मैं इस हाथ को ज़ोरों से झुलाता हूँ
ताकि यह सक्रिय रहे और परवाह न करे

दूसरा हाथ तब कहीं दुबका होता है
झाड़ी के ख़रगोश सा
या दूर बचपन की गेंदों
और लकड़ी के घोड़े के बीच पड़ा हुआ
युवावस्था में किसी लड़की का हाथ भींचे हुए वह हाथ
जिसे छू नहीं पाता मेरा यह झूलता हुआ हाथ

शहरों दफ़्तरों घरों के दरवाज़े
खटखटाता जाता है यह हाथ
इसी से करने होते हैं मुझे सारे काम
दुनिया के सबसे बड़े झूठों में शुमार यह हाथ
जो थकता नहीं निराश नहीं होता कभी
जब हद हो जाती है
तब दूसरा हाथ कभी-कभी जतलाता है अपना विरोध
काँपता दर्द करता हुआ।

1983

पैदल बच्चे स्कूल

पैदल जानेवाले बच्चों का कोई भरोसा नहीं
वे घर से जल्दी चल पड़ते हैं
और स्कूल पहुँचते हैं अकसर देर से
रास्ते में गन्दी हो जाती हैं उनकी पोशाकें
जिन्हें सँभालते हुए वे भागते हैं
आँखें नीची किये खड़े होते हैं क़तार में

बाहर निकलने पर वे देखते हैं
फूल तोड़ लिये गए हैं
घास कुचली जा चुकी है
और आसमान बुरी तरह बरसने वाला है

रोज़ एक ऊबड़-खाबड़ रास्ता पार करते हैं वे
आने-जाने वालों से पूछते हैं
कितना बजा है भाई साब
बारिश में भी पहुँच जाते हैं स्कूल
यह देखने कि वह बन्द है या खुला हुआ

पैदल बच्चों के पास छिपाने के लिए कुछ नहीं है
किताबों के बीच तितलियाँ नहीं
जूते भी नहीं जिन्हें वे रख सकें
झाड़ी के पीछे
कई बार उन्हें हिदायत दी गई है
जूते पहन कर आने की
हाथ-पैर के नाख़ून कलात्मक काटने की
कई बार पड़ी हैं बेंत
और कहा गया है कि हम तुम्हें नहीं ले जाएँगे
महापुरुषों की अगवानी में

पैदल बच्चों की सूरत अकसर
उनकी माँओं से मिलती है
शाम को जब वे लौटते हैं झुंड के झुंड
जैसे किसी हमले में खदेड़े जाते हुए
पैदल बच्चों की दुनिया में कभी-कभी फूल आते हैं
पैदल बच्चों की दुनिया में कभी-कभी हवा बहती है
कभी-कभी उन्हें देखा गया है
कोमल मानवीय भावनाओं के विरोध में
कुछ शब्द लिखते हुए।

1985

शुरुआत

सामने नंगे पहाड़ पर
जैसे ही चाँद चमकता है
अँधेरे में पिता माँगते हैं थोड़ी-सी मदद
माचिस की तीली बराबर रोशनी

कुछ देर की गाढ़ी निर्भय नींद
सुबह सीढ़ियाँ उतरने की सामर्थ्य
और एक लाठी पत्थरों को टटोलने के लिए

यह बुढ़ापे की शुरुआत है
अँधेरी कोठरी में सर झुकाकर काँपने
और हड्डियों में ठंढ बैठने की शुरुआत
चेहरे धीरे-धीरे धुँधले होते हैं
जीते जी गुम हो गई एक पीढ़ी
एक दलदल में धँस गए साथ के लोग

वर्षों पीछे छूटा हुआ दृश्य
चाहते हैं पिता याद करने के लिए
जब उनमें ताक़त थी
और उन्होंने देखा था बेटे-बेटियों का बढ़ना
चट्टानें तोड़कर निकाले थे रास्ते
शाम के आसमान में चहकते पक्षियों की तरह
उनके भीतर सपने उड़ते थे
अँधेरे में पिता माँगते हैं थोड़ी-सी उम्मीद
परदेश गए बेटे के लौटने की

यह ज़मीन हर साल
और कठोर होती जाती है
पेड़ हर साल कुछ कम फल देते हैं
बच्चे दिखते हैं और भी दुबले
उनके माँ-बाप कुछ और कातर
मौसम बदल रहा है
रात किसी जानवर की तरह
गाँव को दबोचे हुए है

और सामने नंगे पहाड़ पर चाँद चमक रहा है
अँधेरे में पिता माँगते हैं थोड़ी-सी मदद
अपने बुढ़ापे की शुरुआत में।

1981

प्रेम

वह कोई बहुत बड़ा मीर था
जिसने कहा प्रेम एक भारी पत्थर है
कैसे उठेगा तुझ जैसे कमज़ोर से

मैंने सोचा
इसे उठाऊँ टुकड़ों-टुकड़ों में

पर तब वह कहाँ होगा प्रेम
वह तो होगा एक हत्याकांड।

1983

क्या काम

[असद ज़ैदी के लिए]

आप दिखते हैं बहुत उदास
आपको इस शहर में क्या काम
आपके भीतर भरा है ग़ुस्सा
आपको इस शहर में क्या काम

आप सफलता नहीं चाहते
नहीं चाहते ताक़त

जो मिल जाए उसे छोड़ कुछ नहीं माँगते
आपको इस शहर में क्या काम

आप तुरत लपकते नहीं
और न खिलखिल करते
हाथ जेब में डाले चलते
रोज़ रात में पाते ख़ुद को लहूलुहान
आपको इस शहर में क्या काम।

1986

बाज़ार भाव

एक कोने में वह खड़ी दिखी
कुछ पीती हुई
तरह-तरह के लोग थे वहाँ
तरह-तरह के धन्धे हरेक धीरे से बतलाता था
अपनी सफलता की कहानी
एक साथ सब हँस पड़ते एक दूसरे पर

मैंने कहा मैं कविता लिखता हूँ
परिस्थितियों के हिसाब से
जब जो कुछ देखा-हुआ उसे किया दर्ज
जैसे आप पहने हैं नीला रंग
तो उसका भी कुछ होगा
कविता में ज़िक्र

परिस्थिति बहुत विकट है मैंने कहा
यहाँ तक कि नीला रंग

किसी को डरा सकता है
बदहवास कोई चीख़ने लग सकता है
इस आनन्द मंगल जगह में

पार्टी की औरत ने देखी दुर्गत
कविता की हमारे ज़माने में
नहीं पूछा उसने कविता का बाज़ार भाव।

1984

घर का रास्ता

कई बार मैंने कोशिश की
इस बाढ़ में से अपना एक हाथ निकालने की
कई बार भरोसा हुआ
कई बार दिखा यह है अन्त

मैं कहना चाहता था
एक या दो मामूली शब्द
जिन पर फ़िलहाल विश्वास किया जा सके
जो सबसे ज़रूरी हों फ़िलहाल

मैं चाहता था
एक तस्वीर के बारे में बतलाना
जो कुछ देर क़रीब-क़रीब सच हो
जो टँगी रहे चेहरों और
दृश्यों के मिटने के बाद कुछ देर

मैं एक पहाड़ का
वर्णन करना चाहता था
जिस पर चढ़ने की मैंने कोशिश की
जो लगातार गिराता था धूल या कंकड़
रहा होगा वह भूख का पहाड़
मैं एक लापता लड़के का
ब्योरा देना चाहता था
जो कहीं ग़ुस्से से खाता होगा रोटी
देखता होगा अपनी चोटों के निशान
अपने को कोसता
कहता हुआ चला जाऊँगा घर

मैं अपनी उदासी के लिए
क्षमा नहीं माँगना चाहता था
मैं नहीं चाहता था मामूली
इच्छाओं को चेहरे पर ले आना
मैं भूल नहीं जाना चाहता था
अपने घर का रास्ता।

1987

कुछ देर के लिए

कुछ देर के लिए मैं कवि था
फटी-पुरानी कविताओं की मरम्मत करता हुआ
सोचता हुआ कविता की ज़रूरत किसे है
कुछ देर पिता था
अपने बच्चों के लिए
ज़्यादा सरल शब्दों की खोज करता हुआ

कभी अपने पिता की नक़ल था
कभी सिर्फ़ अपने पुरखों की परछाईं
कुछ देर नौकर था सतर्क सहमा हुआ
बची रहे रोज़ी-रोटी कहता हुआ

कुछ देर मैंने अन्याय का विरोध किया
फिर उसे सहने की ताक़त जुटाता रहा
मैंने सोचा मैं इन शब्दों को नहीं लिखूँगा
जिनमें मेरी आत्मा नहीं है जो आततायियों के हैं
और जिनसे ख़ून जैसा टपकता है
कुछ देर मैं एक छोटे-से गड्ढे में गिरा रहा
यही मेरा मानवीय पतन था

मैंने देखा मैं बचा हुआ हूँ और साँस
ले रहा हूँ और मैं क्रूरता नहीं करता
बल्कि जो निर्भय होकर क्रूरता किये जाते हैं
उनके विरुद्ध मेरी घृणा बची हुई है यह काफ़ी है

बचे-खुचे समय के बारे में मेरा ख़याल था
मनुष्य को छह या सात घंटे सोना चाहिए
सुबह मैं जागा तो यह
एक जानी-पहचानी भयानक दुनिया में
फिर से जन्म लेना था
यह सोचा मैंने कुछ देर तक।

1992

अभिनय

एक गहन आत्मविश्वास से भरकर
सुबह निकल पड़ता हूँ घर से

ताकि सारा दिन आश्वस्त रह सकूँ
एक आदमी से मिलते हुए मुस्कराता हूँ
वह एकाएक देख लेता है मेरी उदासी
एक से तपाक से हाथ मिलाता हूँ
वह जान जाता है मैं भीतर से हूँ अशान्त
एक दोस्त के सामने ख़ामोश बैठ जाता हूँ
वह कहता है तुम दुबले बीमार क्यों दिखते हो
जिन्होंने मुझे कभी घर में नहीं देखा
वे कहते हैं अरे आप टीवी पर दिखे थे एक दिन

बाज़ारों में घूमता हूँ निःशब्द
डिब्बों में बन्द हो रहा है पूरा देश
पूरा जीवन बिक्री के लिए
एक नई रंगीन किताब है जो मेरी कविता के
विरोध में आई है
जिसमें छपे सुन्दर चेहरों को कोई कष्ट नहीं
जगह-जगह नृत्य की मुद्राएँ हैं विचार के बदले
जनाब एक पूरी फ़िल्म है लम्बी
आप ख़रीद लें और भरपूर आनन्द उठाएँ

शेष जो कुछ है अभिनय है
चारों ओर आवाज़ें आ रही हैं
मेकअप बदलने का भी समय नहीं है
हत्यारा एक मासूम के कपड़े पहनकर चला आया है
वह जिसे अपने पर गर्व था
एक ख़ुशामदी की आवाज़ में गिड़गिड़ा रहा है
ट्रेजडी है संक्षिप्त लम्बा प्रहसन
हरेक चाहता है किस तरह झपट लूँ
सर्वश्रेष्ठ अभिनेता का पुरस्कार।

1990

बार-बार कहता था

ज़ोरों से नहीं बल्कि
बार-बार कहता था मैं अपनी बात
उसकी पूरी दुर्बलता के साथ
किसी उम्मीद में बतलाता था निराशाएँ
विश्वास व्यक्त करता था बग़ैर आत्मविश्वास
लिखता और काटता जाता था यह वाक्य
कि चीज़ें अपने सबसे बुरे दौर से गुजर रही हैं
बिखरे काग़ज़ सँभालता था
धूल पोंछता था
उलटता-पलटता था कुछ क्रियाओं को
मसलन ऐसा हुआ होता रहा
होना चाहिए था हो सकता था
होता तो क्या होता।

1994

दादा की तस्वीर

दादा को तस्वीरें खिंचवाने का शौक़ नहीं था
या उन्हें समय नहीं मिला
उनकी सिर्फ़ एक तस्वीर गन्दी पुरानी दीवार पर टँगी है
वे शान्त और गम्भीर बैठे हैं
पानी से भरे हुए बादल की तरह

दादा के बारे में इतना ही मालूम है
कि वे माँगनेवालों को भीख देते थे
नींद में बेचैनी से करवट बदलते थे

और सुबह उठकर
बिस्तर की सलवटें ठीक करते थे
मैं तब बहुत छोटा था
मैंने कभी उनका ग़ुस्सा नहीं देखा
उनका मामूलीपन नहीं देखा
तस्वीरें किसी मनुष्य की लाचारी नहीं बतलातीं
माँ कहती है जब हम
रात के विचित्र पशुओं से घिरे सो रहे होते हैं
दादा इस तस्वीर में जागते रहते हैं
मैं अपने दादा जितना लम्बा नहीं हुआ
शान्त और गम्भीर नहीं हुआ
पर मुझमें कुछ है उनसे मिलता-जुलता
वैसा ही क्रोध वैसा ही मामूलीपन
मैं भी सर झुकाकर चलता हूँ
जीता हूँ अपने को एक तस्वीर के ख़ाली फ्रेम में
बैठे देखता हुआ।

1990

माँ की तस्वीर

घर में माँ की कोई तस्वीर नहीं
जब भी तस्वीर खिंचवाने का मौक़ा आता है
माँ घर में खोई हुई किसी चीज़ को ढूँढ़ रही होती है
या लकड़ी घास और पानी लेने गई होती है
जंगल में उसे एक बार बाघ भी मिला
पर वह डरी नहीं
उसने बाघ को भगाया घास काटी घर आकर
आग जलाई और सबके लिए खाना पकाया

मैं कभी घास या लकड़ी लाने जंगल नहीं गया
कभी आग नहीं जलाई
मैं अकसर एक ज़माने से चली आ रही
पुरानी नक़्क़ाशीदार कुर्सी पर बैठा रहा
जिस पर बैठकर तस्वीरें खिंचवाई जाती हैं
माँ के चेहरे पर मुझे दिखाई देती है
एक जंगल की तस्वीर लकड़ी घास और
पानी की तस्वीर खोई हुई एक चीज़ की तस्वीर।

1890–91

पिता की तस्वीर

पिता की छोटी-छोटी बहुत-सी तस्वीरें
पूरे घर में बिखरी हैं
उनकी आँखों में कोई पारदर्शी चीज़
साफ़ चमकती है
वह अच्छाई है या साहस
तस्वीर में पिता खाँसते नहीं
व्याकुल नहीं होते
उनके हाथ-पैर में दर्द नहीं होता
वे झुकते नहीं समझौते नहीं करते

एक दिन पिता अपनी तस्वीर की बग़ल में
खड़े हो जाते हैं और समझाने लगते हैं
जैसे अध्यापक बच्चों को
एक नक़्शे के बारे में बताता है
पिता कहते हैं मैं अपनी तस्वीर जैसा नहीं रहा

लेकिन मैंने जो नए कमरे जोड़े हैं
इस पुराने मकान में उन्हें तुम ले लो
मेरी अच्छाई ले लो उन बुराइयों से जूझने के लिए
जो तुम्हें रास्ते में मिलेंगी
मेरी नींद मत लो मेरे सपने लो

मैं हूँ कि चिन्ता करता हूँ व्याकुल होता हूँ
झुकता हूँ समझौते करता हूँ
हाथ-पैर में दर्द से कराहता हूँ
पिता की तरह खाँसता हूँ
देर तक पिता की तस्वीर देखता हूँ

1991

अपनी तस्वीर

यह एक तस्वीर है
जिसमें थोड़ा-सा साहस झलकता है
और ग़रीबी ढँकी हुई दिखाई देती है
उजाले में खिंची इस तस्वीर के पीछे
इसका अँधेरा छिपा हुआ है

इस चेहरे की शान्ति
बेचैनी का एक मुखौटा है।
करुणा और क्रूरता परस्पर घुले-मिले हैं
थोड़ा-सा गर्व गहरी शर्म में डूबा है
लड़ने की उम्र जबकि बिना लड़े बीत रही है
इसमें किसी युद्ध से लौटने की यातना है

और ये वे आँखें हैं
जो बताती हैं कि प्रेम जिस पर सारी चीज़ें टिकी हैं
कितना कम होता जा रहा है

आत्ममुग्धता और मसखरी के बीच
कई तस्वीरों की एक तस्वीर
जिसे मैं बार-बार खिंचवाता हूँ
एक बेहतर तस्वीर खिंचने की
निरर्थक-सी उम्मीद में।

1990-93

बच्चों के लिए चिट्ठी

प्यारे बच्चो हम तुम्हारे काम नहीं आ सके। तुम चाहते थे हमारा क़ीमती समय तुम्हारे खेलों में व्यतीत हो। तुम चाहते थे हम तुम्हें अपने खेलों में शरीक करें। तुम चाहते थे हम तुम्हारी तरह मासूम हो जाएँ।

प्यारे बच्चो हमने ही तुम्हें बताया था जीवन एक युद्धस्थल है जहाँ लड़ते ही रहना होता है। हम ही थे जिन्होंने हथियार पैने किए। हमने ही छेड़ा युद्ध हम ही थे जो क्रोध और घृणा से बौखलाए थे। प्यारे बच्चो हमने तुमसे झूठ कहा था।

यह एक लम्बी रात है। एक सुरंग की तरह। यहाँ से हम देख सकते हैं बाहर का एक अस्पष्ट दृश्य। हम देखते हैं मारकाट और विलाप। बच्चो हमने ही तुम्हें वहाँ भेजा था। हमें माफ़ कर दो। हमने झूठ कहा था कि जीवन एक युद्धस्थल है।

प्यारे बच्चो जीवन एक उत्सव है जिसमें तुम हँसी की तरह फैले हो। जीवन एक हरा पेड़ है जिस पर तुम चिड़ियों की तरह फड़फड़ाते हो। जैसा कि कुछ कवियों ने कहा है जीवन एक उछलती गेंद है और तुम उसके चारों ओर एकत्र चंचल पैरों की तरह हो।

प्यारे बच्चो अगर ऐसा नहीं है तो होना चाहिए।

1988

काग़ज़ की कविता

वे काग़ज़ जो हमारे जीवन में कभी अनिवार्य थे एक दिन रद्दी बनकर चारों ओर जमा हो जाते हैं। जब हम सोने जाते हैं तब भी वे हमें दिखाई देते हैं। वे हमारे स्वप्नों को रोक लेते हैं। सुबह जब हम अनिद्रा की शिकायत करते हैं तो इसकी मुख्य वजह यही है कि हम उन काग़ज़ों से घिरे सो रहे थे। चाहते हुए भी हम उन्हें बेच नहीं पाते क्योंकि उनमें हमारे सामान्य व्यवहार दबे होते हैं जिन्हें हम अपने से बताते हुए भी कतराते हैं। लिहाजा हम फाड़ने बैठ जाते हैं तमाम फ़ालतू काग़ज़ों को।

इस तरह फाड़ दी जाती हैं पुरानी चिट्ठियाँ जो हमारे बुरे वक़्त में प्रियजनों ने हमें लिखी थीं। हमारे असफल प्रेम के दस्तावेज़ चिन्दी-चिन्दी हो जाते हैं। कुछ प्रमुख कवियों की कविताएँ भी फट जाती हैं। नष्ट हो चुकते हैं वे शब्द जिनके बारे में हमने सोचा था कि इनसे मनुष्यता की भूख मिटेगी। अब इन काग़ज़ों से किसी बच्चे की नाव भी नहीं बन सकती और न थोड़ी दूर उड़कर वापस लौट आने वाला जहाज़।

अब हम लगभग निःशब्द हैं। हम नहीं जानते कि क्या करें। हमारे पास कोई रास्ता नहीं बचा काग़ज़ों को फाड़ते रहने के सिवा।

1988

नींद की कविता

नींद की अहमियत इस बात से ज़ाहिर है कि उसके बिना हम अपने को जागा हुआ नहीं कह सकते। नींद का वर्णन करने के लिए पहाड़ समुद्र जंगल और रेगिस्तान जैसी चीज़ों का इस्तेमाल किया जाता है पर तब भी नींद के रहस्य नहीं खुलते। आसानी के लिए हम कह सकते हैं कि जहाँ कहीं छायाएँ दिखती हैं वे नींद की छायाएँ हैं। हमारी अपनी छाया हमारी नींद के अलावा कुछ नहीं है।

भूख से परेशान लोग अक्सर नींद से काम चलाते हैं। कोई अपने घोड़े दौड़ाता हुआ उनके पास से गुज़र जाता है तब भी वे नहीं उठते। दूसरी ओर कुछ लोग अनिद्रा की शिकायत करते नज़र आते हैं। नींद की गोलियाँ उनके पेट में खिलखिलाती हैं। वे हमेशा दूसरों की नींद तोड़ने की कोशिश में लगे रहते हैं। वह कहानी सभी को मालूम होगी कि किस तरह एक सम्राट ने एक भूखे आदमी की नींद ख़राब करने के लिए उसे अपने मख़मल के बिस्तर पर सुला दिया था।

आधी रात किसी आहट से चौंककर हम उठ बैठते हैं। चारों ओर देखते हैं। अँधेरा एक प्राचीन मुखौटे की तरह दिखता है। कोई है जो बार-बार हमारी नींद तोड़ता है। कोई सपना या कोई यथार्थ। शायद दन्तकथाओं से निकला हुआ कोई सम्राट। शायद दुनिया को बार-बार ख़रीदता और बेचता हुआ कोई आदमी जिसे नींद नहीं आती।

1990

सपने की कविता

सपने उन अनिवार्य नतीजों में से हैं जिन पर हमारा कोई नियंत्रण नहीं होता। वे हमारे अर्धजीवन को पूर्णता देने के लिए आते हैं। सपने में ही हमें दिखता है कि हम पहले क्या थे या कि आगे चलकर क्या होंगे। जीवन के

एक गोलार्ध में जब हम हाँफते हुए दौड़ लगा रहे होते हैं तो दूसरे गोलार्ध में सपने हमें किसी जगह चुपचाप सुलाये रहते हैं।

सपने में हमें पृथ्वी गोल दिखाई देती है जैसा कि हमने बचपन की किताबों में पढ़ा था। सूरज तेज़ गर्म महसूस होता है और तारे अपने ठंढे प्रकाश में सिहरते रहते हैं। हम देखते हैं चारों ओर ख़ुशी के पेड़। सामने से एक साइकिल गुज़रती है या कहीं से रेडियो की आवाज़ सुनाई देती है। सपने में हमें दिखती हैं अपने जीवन की जड़ें साफ़ पानी में डूबी हुईं। चाँद दिखता है एक छोटे-से अँधेरे कमरे में चमकता हुआ।

सपने में हम देखते हैं कि हम अच्छे आदमी हैं। देखते हैं एक पुराना टूटा-फूटा आईना। देखते हैं हमारी नाक से बहकर आ रहा है ख़ून।

1990

बचपन की कविता

जैसे-जैसे हम बड़े होते हैं लगता है हम बचपन के बहुत क़रीब हैं। हम अपने बचपन का अनुकरण करते हैं। ज़रा देर में तुनकते हैं और ज़रा देर में ख़ुश हो उठते हैं। खिलौनों की दूकान के सामने देर तक खड़े रहते हैं। जहाँ-जहाँ ताले लगे हैं हमारी उत्सुक आँखें जानना चाहती हैं कि वहाँ क्या होगा। सुबह हम आश्चर्य से चारों ओर देखते हैं जैसे पहली बार देख रहे हों।

हम तुरन्त अपने बचपन में पहुँचना चाहते हैं। लेकिन वहाँ का कोई नक्शा हमारे पास नहीं है। वह किसी पहेली जैसा बेहद उलझा हुआ रास्ता है। अक्सर धुएँ से भरा हुआ। उसके अन्त में एक गुफा है जहाँ एक राक्षस रहता है। कभी-कभी वहाँ घर से भागा हुआ कोई लड़का छिपा होता है। वहाँ सख़्त चट्टानें और काँच के टुकड़े हैं छोटे-छोटे पैरों के आसपास।

घर के लोग हमें बार-बार बुलाते हैं। हम उन्हें चिट्ठियाँ लिखते हैं। आ रहे हैं आ रहे हैं आएँगे हम जल्दी।

1990

चाँद की कविता

जैसे ही हम चाँद की तरफ़ देखने को होते हैं कहीं पास से एक कुत्ते के भौंकने की आवाज़ सुनाई देती है। हम उसे खोजने लगते हैं जबकि चाँद हमारे ठीक सामने चमक रहा होता है आईने की तरह इतना साफ़ कि हम उसमें अपने चेहरे के गड्ढे और धब्बे भी क़रीब-क़रीब देख सकते हैं। जब हमारे दिमाग़ दर्द कर रहे होते हैं वह हमारे ठीक ऊपर चमक रहा होता है प्रेमियों को घरों से निकालकर अज्ञात जगहों में भटकाता रात को असंख्य झरनों की शक्ल में चारों ओर से बहाता हुआ। शमशेर जैसे कवि ने इस ऐतिहासिक चाँद से कुछ देर बातें भी की हैं।

जो लोग चाँद को सभी पहलुओं से जान चुके हैं उन्हें सबसे पहला एहसास उसकी चमक के ख़त्म होने का हुआ। उन्होंने बारीक़ी से चाँद की मिट्टी की जाँच की और उसे अपने पास सुरक्षित रख लिया। लेकिन चाँद के बारे में अब भी बच्चे कहीं ज़्यादा जानते हैं। जैसे ही कहीं कुत्ते का भौंकना सुनाई देता है वे आसमान की ओर इशारा करके कहते हैं : देखो चाँद चाँद।

1989

निराशा की कविता

बहुत कुछ करते हुए भी जब यह लगे कि हम कुछ नहीं कर पाये तो उसे निराशा कहा जाता है। निराश आदमी को लोग दूर से ही सलाम करते हैं। अपनी निराशा को हम इस तरह बचाए रखते हैं जैसे वही

सबसे बड़ी ख़ुशी हो। हमारी आँखों के सामने संसार पर धूल जमती है। चिड़ियाँ फटे हुए काग़ज़ों की तरह उड़ती दिखती हैं। संगीत भी हमें उदार नहीं बना पाता। हमें हमेशा कुछ बेसुरा बजता हुआ सुनाई देता है। रंगों में हमें ख़ून के धब्बे और हत्याओं के बाद के दृश्य दिखते हैं। शब्द हमारे काबू में नहीं होते और प्रेम मनुष्य मात्र के वश के बाहर लगता है।

निराशा में हम कहते हैं निराशा हमें रोटी दो। हमें दो चार क़दम चलने की सामर्थ्य।

1990

आँसुओं की कविता

पुराने ज़माने में आँसुओं की बहुत क़ीमत थी। वे मोतियों के बराबर थे और उन्हें बहता देखकर सबके दिल काँप उठते थे। वे हरेक की आत्मा के मुताबिक़ कम या ज़्यादा पारदर्शी होते थे और रोशनी को सात से ज़्यादा रंगों में बाँट सकते थे।

बाद में आँखों को कष्ट न देने के लिए कुछ लोगों ने मोती ख़रीदे और उन्हें महँगे और स्थायी आँसुओं की तरह पेश करने लगे। इस तरह आँसुओं में विभाजन शुरू हुआ। असली आँसू धीरे-धीरे पृष्ठभूमि में चले गए। दूसरी तरफ़ मोतियों का कारोबार ख़ूब फैल चुका है।

जो लोग अँधेरे में अकेले दीवार से माथा टिकाकर सचमुच रोते हैं उनकी आँखों से बहुत देर बाद बमुश्किल आँसूनुमा एक चीज़ निकलती है और उन्हीं के शरीर में गुम हो जाती है।

1989

दिल्ली : दो

सड़कों पर बसों में बैठकघरों में इतनी बड़ी भीड़ में कोई नहीं कहता आज मुझे निराला की कुछ पंक्तियाँ याद आईं। कोई नहीं कहता मैंने नागार्जुन को पढ़ा है। कोई नहीं कहता किस तरह मरे मुक्तिबोध।

एक कहता है मैंने कर ली है ख़ूब तरक़्क़ी। एक ख़ुश है कि उसे बस में मिल गई है सीट। एक कहता है यह समाज क्यों नहीं मानता मेरा हुक्म। एक देख चुका है अपना पूरा भविष्य। एक कहता है देखिए किस तरह बनाता हूँ अपना रास्ता।

एक कहता है मैं हूँ ग़रीब। मेरे पास नहीं है कोई और शब्द।

1988

लिखे चला जाता था

आख़िरकार मैंने देखा पत्नी कितनी यातना सहती है। बच्चे बावले-से घूमते हैं। सगे-सम्बन्धी मुझसे बात करना बेकार समझते हैं। पिता ने सोचा अब मैं शायद कभी उन्हें चिट्ठी नहीं लिखूँगा।

मुझे क्या था इस सबका पता
मैं लिखे चला जाता था कविता।

1988

परिभाषा की कविता

परिभाषा का अर्थ है चीज़ों के अनावश्यक विस्तार में न जाकर उन्हें एक या दो पंक्तियों में सीमित कर देना। परिभाषाओं के कारण ही यह

सम्भव हुआ कि हम हाथी जैसे जानवर या ग़रीबी जैसी बड़ी घटना को दिमाग़ के छोटे-छोटे ख़ानों में हूबहू रख सकते हैं। स्कूली बच्चे इसी कारण दुनिया के समुद्रों को पहचानते हैं और रासायनिक यौगिकों के लम्बे-लम्बे नाम पूछने पर तुरन्त बता देते हैं।

परिभाषाओं की एक विशेषता यह है कि वे परिभाषित की जानेवाली चीज़ों से पहले ही बन गई थीं। अत्याचार से पहले अत्याचार की परिभाषा आई। भूख से पहले भूख की परिभाषा जन्म ले चुकी थी। कुछ लोगों ने जब भीख देने के बारे में तय किया तो उसके बाद भिखारी प्रकट हुए।

परिभाषाएँ एक विकल्प की तरह हमारे पास रहती हैं और जीवन को आसान बनाती चलती हैं। मसलन मनुष्य या बादल की परिभाषाएँ याद हों तो मनुष्य को देखने की बहुत ज़रूरत नहीं रहती और आसमान की ओर आँख उठाए बिना काम चल जाता है। संकट और पतन की परिभाषाएँ भी इसीलिए बनाई गईं।

जब हम किसी विपत्ति का वर्णन करते हैं या यह बतलाना चाहते हैं कि चीज़ें किस हाल में हैं तो कहा जाता है कि यह शब्दों का अपव्यय है। एक आदमी छड़ी से मेज बजाकर कहता है : बन्द करो यह पुराण। बताओ परिभाषा।

1990

चेहरा

माँ मुझे पहचान नहीं पाई
जब मैं घर लौटा
सर से पैर तक धूल से सना हुआ

माँ ने धूल पोंछी
उसके नीचे कीचड़
जो सूखकर सख़्त हो गया था साफ़ किया

फिर उतारे लबादे और मुखौटे
जो मैं पहने हुए था पता नहीं कब से
उसने एक और परत निकालकर फेंकी
जो मेरे चेहरे से मिलती थी

तब दिखा उसे मेरा चेहरा
वह सन्न रह गई
वहाँ सिर्फ़ एक ख़ालीपन था
या एक घाव
आड़ी-तिरछी रेखाओं से ढँका हुआ।

1989

खोई हुई चीज़

कुछ समय पहले हमारे पास एक सुन्दर चीज़ थी। कोमल और पारदर्शी। उसी के कारण हमारे भीतर एक अवर्णनीय मिठास रहती थी। हमें अपना शरीर हवा के कई झोंकों से बना हुआ लगता था। कहीं पानी बहने की आवाज़ आती तो वह हमारे भीतर से आती सुनाई देती थी। किसी को छूने पर पहली बार छूने जैसा धीमा कम्पन महसूस होता।

एक दिन वह हमसे कहीं खो गई। कहना कठिन है कि यह कैसे हुआ। इसका पता तब चला जब हमारे शरीर भारी और सख़्त हो गए और स्पर्श की जगह सिर्फ़ एक चिपचिपाहट बची रही। अक्सर लगता है कि वह चीज़ यहीं कहीं है हालाँकि उसकी खोज में हम काफ़ी ख़ाक छान चुके हैं

और अक्सर झल्लाते रहते हैं। खोई हुई चीज़ों का अपना एक जीवन है जो मिठास से भरा हुआ है और वे आपस में इतना घुल-मिल कर रहती हैं कि यह पहचानना लगभग असम्भव है कि वह चीज़ कहाँ है।

1992

पिता की स्मृति में

दवाओं की शीशियाँ ख़ाली पड़ी हैं लिफ़ाफ़े फटे हुए हैं चिट्ठियाँ पढ़ी जा चुकी हैं। अब तुम दहलीज पर बैठे इन्तज़ार नहीं करते बिस्तर में सिकुड़े नहीं पड़े रहते सुबह उठकर दरवाज़े नहीं खोलते। तुम हवा पानी और धूल के अदृश्य दरवाज़ों को खोलते हुए किसी पहाड़ नदी और तारों की ओर चले गए हो ख़ुद एक पहाड़ एक नदी एक तारा बनने के लिए।

तुम कितनी आसानी से शब्दों के भीतर आ जाते थे। दुबली सूखती तुम्हारी काया में दर्द का अन्त नहीं था और उम्मीद अन्त तक बची हुई थी। धीरे-धीरे टूटती दीवारों के बीच तुम पत्थरों की अमरता खोज लेते थे। ख़ाली डिब्बों फटी हुई किताबों और घुन-लगी चीज़ों में जो जीवन बचा हुआ था उस पर तुम्हें विश्वास था। जब मैं लौटता तुम उनमें अपना दुख छिपा लेते थे। सारी लड़ाई तुम लड़ते थे जीतता सिर्फ़ मैं था।

1992

तस्वीर

बहुत पहले सिर्फ़ आसमान था जो कई रंगों में बदलता रहता था। उसके नीचे बादल दौड़ते थे। फिर घास उगी और किसी चिड़िया के बोलने की आवाज़ आई। कहीं से धीमी बाँसुरी सुनाई दी। रात में पहली बार तारे प्रकट हुए और बहुत पास आ गए ताकि हम उन्हें छू सकें। कभी-कभी वे हमसे खेलते और हमारी आँखों में प्रवेश करके चमकने लगते। उस समय

पेड़ों के नाम नहीं थे और पत्थर अभी-अभी जन्मे बच्चों की तरह सोये रहते थे। रात को कुछ रोशनियाँ जलतीं जिनके बारे में विश्वास था कि वे आनेवाले संकटों को भगा देती हैं।

अब यह सब हमारी स्मृति में है : छाते की तरह तना आसमान दूर टँके तारे अपनी जगह स्थिर पेड़ और चिड़ियाँ जो उड़ती नहीं हैं और पत्थर जिनका बचपन ख़त्म हो चुका है। एक फ्रेम में जड़ी यह हमारी प्रिय तस्वीर है। रात में चमकती रोशनियों के बारे में हम कहते हैं वे हमारे गाँव की आँखें हैं।

1991

सात पंक्तियाँ

मुश्किल से हाथ लगी एक सरल पंक्ति
एक दूसरी बेडौल-सी पंक्ति में समा गई
उसने तीसरी जर्जर क़िस्म की पंक्ति को धक्का दिया
इस तरह जटिल-सी लड़खड़ाती चौथी पंक्ति बनी
जो ख़ाली झूलती हुई पाँचवीं पंक्ति से उलझी
जिसने छटपटाकर छठी पंक्ति को खोजा जो आधा ही लिखी गई थी
अन्ततः सातवीं पंक्ति में गिर पड़ा यह सारा मलबा।

1992

अत्याचारी के प्रमाण

अत्याचारी के निर्दोष होने के कई प्रमाण हैं

उसके नाखुन या दाँत लम्बे नहीं हैं
आँखें लाल नहीं रहतीं

बल्कि वह मुस्कराता रहता है
अक्सर अपने घर आमंत्रित करता है
और हमारी ओर अपना कोमल हाथ बढ़ाता है
उसे घोर आश्चर्य है कि लोग उससे डरते हैं

अत्याचारी के घर पुरानी तलवारें और बन्दूक़ें
सिर्फ़ सजावट के लिए रखी हुई हैं
उसका तहख़ाना एक प्यारी-सी जगह है
जहाँ श्रेष्ठ कलाकृतियों के आसपास तैरते
उम्दा संगीत के बीच
जो सुरक्षा महसूस होती है वह बाहर कहीं नहीं है

अत्याचारी इन दिनों ख़ूब लोकप्रिय है
कई मरे हुए लोग भी उसके घर आते-जाते हैं।

1992

ऐसा समय

जिन्हें दिखता नहीं
उन्हें कोई रास्ता नहीं सूझता
जो लँगड़े हैं वे कहीं नहीं पहुँच पाते
जो बहरे हैं वे जीवन की आहट नहीं सुन पाते
बेघर कोई घर नहीं बनाते
जो पागल हैं वे जान नहीं पाते
कि उन्हें क्या चाहिए

यह ऐसा समय है
जब कोई हो जा सकता है अन्धा लँगड़ा
बहरा बेघर पागल।

1992

मैं चाहता हूँ

मैं चाहता हूँ कि स्पर्श बचा रहे
वह नहीं जो कन्धे छीलता हुआ
आततायी की तरह गुज़रता है
बल्कि वह जो एक अनजानी यात्रा के बाद
धरती के किसी छोर पर पहुँचने जैसा होता है

मैं चाहता हूँ स्वाद बचा रहे
मिठास और कड़ुवाहट से दूर
जो चीज़ों को खाता नहीं है
बल्कि उन्हें बचाये रखने की कोशिश का ही
एक नाम है

एक सरल वाक्य बचाना मेरा उद्‌देश्य है
मसलन यह कि हम इनसान हैं
मैं चाहता हूँ इस वाक्य की सचाई बची रहे
सड़क पर जो नारा सुनाई दे रहा है
वह बचा रहे अपने अर्थ के साथ
मै चाहता हूँ निराशा बची रहे
जो फिर से एक उम्मीद
पैदा करती है अपने लिए

शब्द बचे रहें
जो चिड़ियों की तरह कभी पकड़ में नहीं आते
प्रेम में बचकानापन बचा रहे
कवियों में बची रहे थोड़ी लज्जा।

1993

पुनर्रचनाएँ

[कुश अंश]

ये कविताएँ पहाड़ के दूर-दराज़ क्षेत्रों के ऐसे लोकगीतों से प्रेरित हैं जिन्हें लोक कविताएँ कहना ज़्यादा सही होगा पर ये उनके अनुवाद नहीं हैं।

1.

तुम्हें कहीं खोजना असम्भव था
तुम्हारा कहीं मिलना असम्भव था
तुम दरअसल कहीं नहीं थीं
न घर के अँधेरे में
न किसी रास्ते पर जाती हुई

तुम न गीत में थीं
न उस आवाज़ में जो उसे गाती है
न उन आँखों में
जो किन्हीं दूसरी आँखों का प्रतिबिम्ब हैं
तुम उन देहों में नहीं थीं
जो कपड़ों से लदी होती हैं
और निर्वस्त्र होकर डरावनी दिखती हैं
तुम उस बारिश में भी नहीं थीं
जो खिड़की के बाहर दिखाई देती है
निरन्तर गिरती हुई।

2.

मैंने देखे दो या तीन रंग
मैंने देखी हल्की-सी रोशनी
जो लगातार
पैदा होती थी
मैंने देखी एक आत्मा
जो काँपती साँस लेती थी
मैंने देखा तुम आती थीं
मेरे ही स्पर्शों में से निकलकर

इस तरह मैंने तुम्हारी कल्पना की
ताकि दुख से उबरने के लिए
प्रार्थनाएँ न करनी पड़ें
मैंने तुम्हारी कल्पना की
ताकि नींद के लिए
अँधेरे की कामना न करनी पड़े

मैंने तुम्हारी कल्पना की
ताकि तुम्हें देखने के लिए
फिर से कल्पना न करनी पड़े।

3.

रात में खुलता है पहाड़ का दरवाज़ा
रात में खुलती है पहाड़ की खिड़की
वहाँ से प्रवेश करता है प्रेम
दिखते हैं कुछ और दरवाज़े
दरवाज़ों के आगे

दिखती हैं कुछ और खिड़कियाँ
खिड़कियों के आगे।

4.

तुम्हारे चेहरे पर
एक पेड़ की छाया है
तुम्हारे चेहरे पर
एक पहाड़ की छाया है
तुम्हारे चेहरे पर
एक चन्द्रमा की छाया है
तुम्हारे चेहरे पर
छाया है एक आसमान की।

5.

प्रेम होगा तो हम कहेंगे कुछ मत कहो
प्रेम होगा तो हम कुछ नहीं कहेंगे
प्रेम होगा तो चुप होंगे हम
प्रेम होगा तो हम शब्दों को छोड़ आएँगे
रास्ते में पेड़ के नीचे
नदी में बहा देंगे
पहाड़ पर रख आएँगे।

6.

पत्थरों के भीतर
छोड़ दो हमारे सिहरते शरीर
आत्मा अपने आप जन्म लेगी
जैसे वह आग

जिसे हमने पैदा किया था
जब वहाँ दो पत्थर थे।

7.

चुम्बन एक दिन
तुम्हारे सामने काग़ज़ पर
एक कविता बनेंगे

कविता एक दिन
चुम्बन बन जाएगी
काग़ज़ से उठकर।

8.

कोहरे क्या तुम कुछ छँटोगे
ताकि मुझे दिख सके
तुमसे ढँका हुआ मेरा पहाड़

पहाड़ क्या तुम कुछ झुकोगे
ताकि मुझे दिख सके
तुम्हारी ओट में छिपा हुआ मेरा प्रेम।

9.

रात रात रात
किसी किनारे से नदी के
बहने की आवाज़ आती है
अकेला मैं उठता हूँ
एक गिलास पानी पीकर सो जाता हूँ।

10.

जब बर्फ़ गिरेगी और सन्नाटा होगा
हम कहेंगे यह प्रेम है

जब बर्फ़ पिघलना शुरू होगी
जंगल में
हम कहेंगे इतनी ही थी इसकी उम्र।

11.

चार बार हमें भूख लगेगी
पाँचवीं बार
हम कुछ खा लेंगे

चार बार प्यास लगेगी
पाँचवीं बार
हम पानी पी लेंगे

चार बार हम जागते रहेंगे
पाँचवीं बार
आ जाएगी नींद।

12.

आधा पहाड़ दौड़ाता है
आधा दौड़ाता है हमारा बोझ
आधा प्रेम दौड़ाता है
आधा दौड़ाता है स्वप्न

दौड़ते हैं हम।

13.

बाहर एक बाँसुरी सुनाई देती है
एक और बाँसुरी है
जो तुम्हारे भीतर बजती है
और सुनाई नहीं देती

एक दिन वह चुप हो जाती है
तब सुनाई देता है उसका विलाप
उसके छेदों से गिरती है राख।

1990

छुपम छुपाई

बच्चे खेल रहे थे छुपम छुपाई का खेल
उन्हीं में से कभी किसी ने खोजा होगा इसे अनायास
इस तरह छिपने में भी पैदा हुई एक कला
एक परिचित जगह में उन्होंने खोज लिए कई अज्ञात दुर्गम कोने
रोज़मर्रा की सपाट दुनिया में भर दिये रहस्य
दरवाज़े की ज़रा-सी ओट में या मेज़ कुर्सी पलंग के नीचे
कभी किसी पर्दे को आड़ बनाते हुए
किसी पौधे के पीछे किताबों के अम्बार की बग़ल में
कभी माँ की साड़ी के छोर में छिपते हुए
छिपनेवाला कभी खोजनेवाले की पीठ को ही ओट बना लेता है
अकसर वह आवाज़ भी देता है कि आ जाओ अब मैं
अच्छी तरह छिप गया हूँ खोजे जाने के लिए तैयार
यह एक संकेत है कि जिसे तुम आसान समझते हो
वह दरअसल काफ़ी कठिन है

और आवाज़ भी एक जगह है जहाँ छिपा जा सकता है
अपने कुतूहल कल्पना और सहजबुद्धि के सहारे
आगे बढ़ता बच्चा खोज ही लेता है छिपे हुए को
कुछ देर के ऊहापोह के बाद
वही होता है एक सघन उल्लास का क्षण
जब रहस्य और यथार्थ
चमकदार आँखों से एक-दूसरे से टकराते हैं
मैंने देखा है यह छिपने और खोजने का खेल
और जब कोई सुराग पाने की कोशिश में कोई बच्चा
पूछता है कि आपने कहीं देखा मेरी दीदी को
मैं कहता हूँ देखा नहीं
क्योंकि मैं छिपाए रहता हूँ ख़ुद को
अपनी ख़ाल के कवच में धूल होते काग़ज़ों में ख़ामोशी में
बचता चला आया हूँ यहाँ तक अपमान और अन्याय से
छिपा दूर-दूर तक कि यह भाँपना कठिन हो कहाँ छिपा हूँ
बहुत दिन हुए खोज नहीं पाया कुछ
गया नहीं किसी अनजान दुर्गम जगह की ओर
छुपम छुपाई खेलते बच्चों से कहता हूँ दौड़ो नहीं
तुम्हें चोट लग सकती है जगह-जगह नुकीले कोने हैं
कहीं कीलें भी निकली हुई हैं
धान रखो आराम से खेलो खोजने का खेल।

1999

पर्दों की तरह

वे अकसर पर्दों की तरह पड़े रहते हैं
तमाम शब्द वाक्य और विन्यास
वे काग़ज़ के पर्दे हैं या धूल नींद स्याही और अँधेरे के पर्दे

कभी-कभी रक्त के पर्दे भी
उन्हें खोलने पर दिखता है एक कमरा
उसमें कुछ जीवित लोग
थककर सोया हुआ एक आदमी
जो शायद अब भी एक सपना देख रहा है
या एक स्त्री जो शायद आग जलाने जा रही है
उदासी का एक पर्दा दीवारों से उतरता है
इस तरह बाहर के दृश्य भीतर प्रवेश करते हैं
भीतर की तस्वीरें एक पर्दा हटाकर बाहर जाती हैं
जीवन की एक आवाज़
जो अनेक आवाज़ों में सुनाई देती है

पेड़ की तरह एक पर्दा ज़रा-सा काँपता है
उसी के पीछे है एक पुराना परिचित सचमुच का पेड़
जिसका वर्णन नहीं किया जा सकता
वहीं से हवा का एक झोंका हमारी तरफ़ आता है।

1995

संगतकार

मुख्य गायक के चट्टान जैसे भारी स्वर का साथ देती
वह आवाज़ सुन्दर कमज़ोर काँपती हुई थी
वह मुख्य गायक का छोटा भाई है
या उसका शिष्य
या पैदल चलकर सीखने आनेवाला दूर का कोई रिश्तेदार
मुख्य गायक की गरज में
वह अपनी गूँज मिलाता आया है प्राचीन काल से
गायक जब अन्तरे की जटिल तानों के जंगल में

खो चुका होता है
या अपने ही सरगम को लाँघकर
चला जाता है भटकता हुआ एक अनहद में
तब संगतकार ही स्थायी को सँभाले रहता है
जैसे समेटता हो मुख्य गायक का पीछे छूटा हुआ सामान
जैसे उसे याद दिलाता हो उसका बचपन
जब वह नौसिखिया था

तारसप्तक में जब बैठने लगता है उसका गला
प्रेरणा साथ छोड़ती हुई उत्साह अस्त होता हुआ
आवाज़ से राख जैसा कुछ गिरता हुआ
तभी मुख्य गायक को ढाढ़स बँधाता
कहीं से चला आता है संगतकार का स्वर
कभी-कभी वह यों ही दे देता है उसका साथ
यह बताने के लिए कि वह अकेला नहीं है
और यह कि फिर से गाया जा सकता है
गाया जा चुका राग
और उसकी आवाज़ में जो एक हिचक साफ़ सुनाई देती है
या अपने स्वर को ऊँचा न उठाने की जो कोशिश है
उसे विफलता नहीं
उसकी मनुष्यता समझा जाना चाहिए।

1995

मंगल

वहाँ अगर जीवन की सम्भावना थी
तो वह ज़रूर मंगल ग्रह रहा होगा
मैं वहाँ आराम से था अख़बार टीवी और टेलीफ़ोन से दूर

मुझे नौकरी पर जाने की हड़बड़ी नहीं थी
बार-बार छींक नहीं आती थी सर में दर्द नहीं था घुटन नहीं थी
मेरे होने के उद्देश्य के बारे में शंकाएँ नहीं थीं
जो मुझे करना था उसे न कर पाने की ऊब नहीं थी
अस्पतालों के बाहर टूटी हड्डियों वाले बच्चे
और उन्हें दिखाकर भीख माँगती माँएँ नहीं थीं
उनसे कतरा कर निकलने का पश्चात्ताप नहीं था
वहाँ कोई शत्रु नहीं था युद्ध नहीं था धमकियाँ नहीं थीं
बल्कि वहाँ हवा थी एक पूरा वायुमंडल प्रकट होने को था
और यह देखने का आश्चर्य बचा हुआ था कि पहली बार
पानी कैसे बनता है
कुछ बारीक़ जीवों और वनस्पतियों के फूटने का आभास था
वहाँ सिर्फ़ शुरुआत थी और अन्त नहीं था
लगातार जन्म की ओर प्रवेश था
पुनर्जन्म नहीं था न उसके कारोबार में लगे लोग थे
मुखौटों त्रिशूलों दाँतों और नाख़ूनों से भेंट नहीं होती थी
मुस्कराते फोटो खिंचाते ज़ालिम नहीं थे
बल्कि अगर वहाँ मनुष्य थे तो वे खोजे जाने से बचते थे
अपने को छिपाए रहते थे एक अनिवार्य संकोच में
गोल सुन्दर लाल और अभी-अभी
अपनी कक्षा से घूमकर आया मंगल ग्रह
जहाँ पृथ्वी की तरह ख़ून से सनी जगहें ढह हुए घर
और ज़िन्दा जलाए जाते लोग नहीं थे
पृथ्वी के बहुत पास आया वह
वहीं से किसी निर्मम हाथ ने खींचा मुझे
वहीं से गिरा मैं अपनी जीर्णशीर्ण देह में।

1999

स्त्रियाँ

[इतालवी फ़िल्मकार फ़ेदेरीको फ़ेल्लीनी की फ़िल्में देखने के बाद]

आधी क्रूरता और आधी कामुकता की सजी-धजी दुनिया में
जहाँ मासूमियत का एक छोटा-सा घेरा
खींच दिया गया है
देखो एक स्त्री को एक पुरुष से प्रेम करते हुए
उसका चेहरा बताता है
वह कितने लम्बे समय से करती आ रही है प्रेम
वह उसके पीछे-पीछे चलती है
उसके चारों ओर बार-बार लिपटती है
वह उसे सौंपना चाहती है सर्वस्व
उसके कान में कहती है कोई मर्म की बात
जबकि पुरुष सिर्फ़ अभिनय कर रहा है
सबसे अच्छे कपड़े पहने हाथ में एक फूल लिये हुए
वह उसे फुसलाकर एक कगार तक ले जाता है
एकाएक उसके पैसे छीनता है
और उसे नदी में धकेलकर भाग जाता है

लेकिन वह फिर से कगार पर खड़ी है
पानी से उबरकर आई हुई समूची सुन्दर और निष्कलुष
एक आँख से हँसती एक से रोती हुई
वह फिर से आ पहुँचती है पुरुष के सामने
जैसे उसका कुछ न छीना गया हो
जैसे वह उसी तरह करती आ रही हो प्रेम

इस तरह स्त्रियाँ जाती हैं अत्याचारियों के साथ
या सामन्तों की रस्सियों से बँधी हुईं
चल देती हैं तानाशाहों के पीछे

उनकी जगमग पोशाक और तमग़े देखती हुईं
उन्हें ले जाया जाता है निर्जन रोमांचक यात्राओं में
ख़तरनाक कगारों तक
बाग़ीचों और रोशनियों से होते हुए
वासना के धुएँ से भरी शानदार इमारतों में
रात्रिभोजों और इतिहास के स्वर्णिम पृष्ठों में
जहाँ पियक्कड़ अय्याश उन पर सवारी गाँठते हैं
उन्हें कोड़ों से फटकारते हैं
जबकि वे अपने स्तनों को बेहिचक इतनी देर तक दिखाती हैं
जैसे उनमें कोई रहस्य न हो
और उन्हें देखते पुरुष दिखने लगें मूर्ख और लज्जित

जब उन्हें अकेला छोड़ दिया जाता है चट्टानों के बीच
या नदी में धकेल दिया जाता है
या घरों और दिमाग़ों से निकाल दिया जाता है
प्रेम करने के अपराध में
उन्हें अच्छी तरह भुला दिया जा चुका होता है
तब कहीं से आती है उनके होने की आवाज़
उनका कोई प्रिय गीत अचानक सुनाई दे जाता है
वे धीमी कोमल आवाज़ में कुछ कहती दिखती हैं
जिसे एक भारी कोलाहल के बीच
हम सुन नहीं पाते
कभी--कभी वे अपनी ही तस्वीरों और पोस्टरों से
बाहर उतर आती हैं
दुगुनी तिगुनी चौगुनी होती गलियों चौराहों में टहलती हुईं
सहसा वे ढाँप लेती हैं समूचे पर्दे को।

1995

पागलों का एक वर्णन

पागल होने का कोई नियम नहीं है
इसलिए तमाम पागल अपने अद्वितीय तरीक़े से पागल होते हैं
स्वभाव में एक-दूसरे से अलग
व्यवहार में अकसर एक-दूसरे के विपरीत
समान्तर रेखाओं जैसे फैलते हैं उनके संसार
वे भूल चुके होते हैं कि पागल होने से
बचे रहने के कई नियम हैं
पुस्तकों में वर्णित हैं नुस्ख़े सुन्दर पुष्ट शरीरों के
जिनमें निवास करते हैं स्वस्थ मस्तिष्क
चेहरे के दर्पण में झलकते हुए
जिन्हें हासिल करने के लिए ईजाद किए जाते हैं
नए-नए उपाय

जो अपना मानसिक स्वास्थ्य हमेशा के लिए खो चुके हैं
वे अचानक प्रकट होते हैं
सूखी रोटियों की एक पोटली के साथ
कहीं पर विकराल कहीं निरीह
वे नहीं जानते कि वे कहाँ से आए
उनका कहीं जन्म हुआ या नहीं
उनके होने पर ख़ुशी मनाई गई या नहीं
और एक खम्भे से दूसरे खम्भे तक
इस शाश्वत दौड़ का अर्थ क्या है

नुक्कड़ पर बैठा एक पागल
दिन-भर गालियाँ देता है प्रधानमंत्री को
पटरी पर खड़ा हुआ जो पागल
व्यवस्था से एक लम्बा युद्ध छेड़े हुए है

दिन-भर वह बनाता है अपनी रणनीति
एक पागल औरत भीड़ में पहचान लेती है
अपने धोखेबाज़ प्रेमी को
और क्रोध में उस पर अदृश्य पत्थर फेंकती है
एक प्राचीन पागल चौराहे को गुफा मानकर
रहता चला आता है
वह बताता है मनुष्य के कारनामों का रक्तरंजित इतिहास

तरह-तरह के इशारे करते पागलों के बीच से
अकसर गुज़रते हैं स्वस्थ मस्तिष्क के लोग
उनकी आँखों में थोड़ा-सा झाँककर
एकाएक सहमते हुए आगे बढ़ जाते हैं
जैसे झटक देते हों अपने जीवन का कोई अंश
अपना कोई क्रोध कोई प्रेम कोई विरोध
अपनी ही कोई आग
जो उनसे अलग होकर अब भटकती है
व्यस्त चौराहों और नुक्कड़ों पर
कपड़े फाड़े बाल बिखराए सूखी रोटियाँ सँभाले हुए

कोई नहीं जानता आधी रात के बाद
वे कहाँ गायब हो जाते हैं
कौन-से दरवाज़े उनके लिए खुलते हैं
और उन्हें अन्दर आने दिया जाता है
शायद वे किसी घर में दस्तक देते हों
पुरानी दोस्ती का हवाला देते हुए बैठ जाते हों
कहते हों हमें कुछ देर शरण दो
हम एक राष्ट्रीय अन्तरराष्ट्रीय षड्यंत्र के शिकार हैं
या फिर वे सिर्फ़ एक कप चाय की फ़रमाइश करते हों
रोज़मर्रा के काम पर निकलने से पहते।

1996

अमीर ख़ाँ

तुम खोजते रहे रहने के लिए एक घर
गाने के लिए एक घराना
तुम खोजते रहे दोस्तों की बैठकों में
किसी स्त्री के चेहरे पर
अपने ही जैसे लापरवाह शिष्यों की आवाज़ में
विकल करती हुई उन बन्दिशों में
जिन्हें तुम एक निराकार शान्ति के साथ प्रस्तुत करते थे
आरोह-अवरोह के आकाश-पाताल के बीच
संगीत के मेरुखंड में तुम कहीं एक कोना ढूँढ़ते रहे
तुम बनाते रहे एक असम्भव घर
सरगमों और छूट की तानों में
खिड़कियों दरवाज़ों के लिए ख़ाली जगहें छोड़ते हुए
इतनी दूर से तुम सहज ही सम पर लौट आते थे
जैसे कोई लौटता है अपने घर
जहाँ दूर की चीज़ें भी बहुत पास रखी हुई होती हैं

तुम गाते थे एक चट्टान की सिहरन
पेड़ों का रुदन बादलों की हँसी
वियोग की तरह फैली हुई रात में उड़ता अकेलापन
तुम बार-बार मनाते रहे किसी रूठे हुए प्रेम को
देह को आत्मा और आत्मा को
देह की पुकार से भरते हुए
लेकिन कला में हम जितना बनाते-बनाते जाते हैं
उतना वह ढहता-ढहता जाता है
ऊपर उठते हुए ऊँचाइयाँ और ऊँची हो उठती हैं
नीचे उतरते हुए गहराइयाँ और गहरी

संगीत तुम्हारा एकमात्र काम था
हालाँकि तुम्हें दे दिये गए थे दूसरे कई काम
जो संगीत के साथ थे बेसुर-बेताल
तुम्हें हिसाब रखना नहीं आया पैसे पता नहीं कहाँ खोते रहे
महान अमूर्तनों का समय ख़त्म हुआ आया व्यापार का युग
पार्श्व से सुनाई देते रहे विवादी स्वर
समझ में न आनेवाला गायन आवाज़ की सीमाएँ
हिन्दू संगीत मुस्लिम संगीत
घर घराना परम्परा कहीं की ईंट कहीं का रोड़ा
लेकिन तुम गाते रहे बागेश्री पूरिया चन्द्रकौंस
जनसम्मोहिनी अहीर भैरव कोमल ऋषभ आसावरी
और उत्तर दक्षिण हिन्दी फ़ारसी ईश्वर अल्लाह सबको एक करती
ज्ञान और गुण माँगती हंसध्वनि
इत्तिहादे मियाने मनो तो नेस्त मियाने मनो तो...[1]

कठिन था घर और घराने का बनना
कठिन था संगीत का गुरुत्व थामे रहना
अन्त में तुम जीवित रहे अपनी उदारता और विनम्रता के क़िस्सों में
घरेलू महफ़िलों और रेडियो स्टेशनों में दर्ज धुँधली पड़ती आवाज़ में
तुम जीवित रहे उन संस्मरणों में
कि किसने तुम्हें आख़िरी बार कहाँ कब क्या गाते हुए सुना था
और हर बार तुम्हें जैसे एक परीक्षा से गुज़रना पड़ा
तुम्हारा अन्तिम संघर्ष अपने ही संगीत से था
अपनी ही आवाज़ से
और 1974 में जब कलकत्ते के पास
एक कार दुर्घटना में तुम्हारी आकस्मिक मृत्यु हुई

---

1. अमीर खुसरो की फ़ारसी रचना जिसका अर्थ है : तुम और मैं इस तरह एक हैं कि तुम्हारे और मेरे 'बीच' कोई 'बीच' नहीं है ।

तुम एक दोस्त के विवाह में अपना आख़िरी राग सुनाकर
लौट रहे थे अपने असम्भव घर और घराने की ओर।

1997

केशव अनुरागी

यह ढोल एक समुद्र है साहब केशव अनुरागी कहता था
इसके बीसियों ताल हैं सैकड़ों सबद
और कई तो मर-खप गए हमारे पुरखों की ही तरह
फिर भी हैं संसार में आने और जाने के अलग-अलग ताल
साल शुरू हो या फूल खिलें तो उसके भी अलग
बारात के आगे-आगे चलती इसकी गहन आवाज़
चढ़ाई उतराई और विश्राम के अलग बोल
और झोड़ा चांचरी पांडव नृत्य और जागर के वे गूढ़ सबद
जिन्हें सुनकर पेड़ और पर्वत भी झूमते हैं अपनी-अपनी जगह
जीवन के उत्सव तमाम इसकी आवाज़ के बिना जीवनहीन
यह जितना बाहर बजता है उतना अपने भीतर भी
एक पाखे से फूटते बोल सुनकर बज उठता है
दूसरे पाखे का कोई ढोल बतलाता उस तरफ़ के हालचाल
देवताओं को नींद से जगाकर मनुष्य जाति में
शामिल करता है यह काल के विशाल पर्दे को बजाता हुआ
और जब कोई इस संसार से जाता है
तो मृत्यु का कातर ढोल सुनाई देता है
दूर-दूर से बुला लाता लोगों को
शवयात्रा में शामिल होने के लिए

लोग कहते थे केशव अनुरागी ढोल के भीतर रहता है
ढोल सागर के भूले-बिसरे तालों को खोजनेवाला बेजोड़ गायक

जो कुछ समय कुमार गन्धर्व की संगत में भी रहा
गढ़वाल के गीतों को जिसने पहुँचाया शास्त्रीय आयामों तक
उसकी प्रतिभा के सम्मुख सब चमकृत
अछूत के घर कैसे जन्मा यह संगीत का पंडित
और जब वह थोड़ी पी लेता तो
ढोल के तालों से खेलता गेंद की तरह
कहता सुनिए यह बादलों का गर्जन और यह रही
पानी की पहली कोमल बूँद यह फुहार
यह झमाझम बारिश यह बहने लगी नदी
यह बना एक सागर विराट प्रकृति गुंजायमान
लेकिन मैं हूँ एक अछूत कौन मुझे कहे कलाकार
मुझे ही करना होगा आजीवन पायलागन महाराज जय हो सरकार

बिना शिष्य का गुरु केशव अनुरागी
नशे में सुनाता था एक भविष्यहीन ढोल के बोल
किसी ने अपनायी नहीं उसकी कला
अनछपा रहा वर्षों की साधना का ढोल सागर
इस बीच ढोल भी कम होते चले गए हमारे गाँवों में
कुछ फूट गए कुछ पर नई पूड़ें नहीं लगीं
उनके कई बाजगी दूसरे धन्धों की खोज में चले गए
केशव अनुरागी
मदहोश आकाशवाणी नजीबाबाद की एक कुर्सी पर धँसा रहा
एक दिन वह हैरान रह गया अपने होने पर
एक दिन उसका पैर कीचड़ में फँस गया
वह अनजाने किसी से टकराया सड़क पर
एक दिन वह मनुष्यों और देवताओं के ढोल से बाहर निकल गया
वह रहता है मृत्यु के ढोल के भीतर।

1996

गुणानन्द पथिक

एक झलक में ही दिख जाता था गुणानन्द पथिक का पूरा जीवन
कितने ही लोगों ने देखा होगा उन्हें
खंडहर हो रहे टिहरी क़स्बे की मुख्य सड़क पर
बस अड्डे की भीड़ में स्वरों की लहर की तरह प्रवेश करते हुए
गले से लटकता था पुराना हारमोनियम
और कन्धे पर झोले में स्वरचित गीतों की पुस्तिकाएँ
पहले चार आने और फिर पचास पैसे में एक
गुणानन्द पथिक गाते थे पहाड़ को बदलने का गीत
गाँव-गाँव की दीदियों-भुलियों से कहते जागो जल्दी जाओ
तुमसे ही जागेंगे निठल्ले पहाड़
यह बात लिख लो यह गीत सुन लो
क्यों ग़रीब के घर कँटीली घास की भी किल्लत है
कैसे अमीर के घर सजे हैं रात-दिन पकवान
गुणानन्द पथिक को सुनते लोग टॉफ़ी-लेमनजूस भूलकर
ख़रीद लेते गीतों की किताब
उसे पढ़ते हुए जाते बस में बैठ घर की ओर

स्त्रियाँ जो गाती थीं उन्हीं धुनों पर
गुणानन्द पथिक ने बनाए अपने नए गीत
जैसे पुरानी चीज़ को नया बनाकर लौटाने में हो रचना का आनन्द
कइयों ने सीखा उनसे संगीत का पहला पाठ
रामलीलाओं में अलग से सुनाई देती उनकी बहरे-तवील
लोग पहचान जाते बजा रहा है संगीत का वह कारीगर
जो सिर्फ़ सुनाता नहीं बदल भी देता है राग को
उनके गायन से ही शुरू होते थे कम्युनिस्ट पार्टी के जलसे तमाम
देहरादून टिहरी उत्तरकाशी पौड़ी तक
सफ़र में रहता था उनका छोटा-सा स्वप्न

गुणानन्द पथिक जान नहीं पाये उनके जीते जी बदल रहा था कुछ
या बदलते-बदलते रह गया था कुछ
कई तरह के नए बाजे बजे पहाड़ में
पैसे की आवाज़ आने लगी जगह-जगह सुनाई दिया व्यवसाय का हॉर्न
गीतों की किताब से ज़्यादा बड़े हो गए पचास पैसे
कम्युनिस्ट पार्टी के पास आए इस बीच कई लाउडस्पीकर
टिहरी में भागीरथी पर शुरू हुआ एक बड़ा बाँध
गुणानन्द गाते रहे वही पुराना गीत
यही थी उनके जीवन की आख़िरी झलक
फिर बैठने लगी उनकी आवाज़
मन्द हो चला सुरीला वाद्य
भूलने लगे वे अपने रचे गीत
बचे-खुचे कम्युनिस्ट सोचते ही रहे
एक दिन हो पथिकजी का बड़ा-सा सार्वजनिक अभिनन्दन
तभी हारमोनियम छोड़कर गए गुणानन्द पथिक अज्ञात के पथ पर
पहाड़ का लोकगीत बनकर।

1999

ब्रेष्ट और निराला

सपने में देखा कोई घर था
घर क्या टूटा-फूटा-सा कमरा एक
कुर्सियाँ रखी हुई थीं बहुत पुरानी
बैठे थे उन पर बेर्टोल्ट ब्रेष्ट और निराला
वैसे ही जैसे अपनी-अपनी तस्वीरों में दिखते थे
निराला अस्त-व्यस्त बालों में गहरी आँखें कहीं दूर देखतीं
ब्रेष्ट उसी गोल चश्मे में दो दिन की बढ़ी हुई दाढ़ी
और आँखें जैसे काफ़ी दुनिया देख चुकी हों

सुना रहे थे कविता आपस में
अभी कुछ और सुनाओ कहते
दोनों बीच-बीच में दुनिया के रंग-ढंग पर अचरज करते
कहा ब्रेष्ट ने मैं एक अँधेरे युग में रहता हूँ
निराला बोले मैं इसी अँधेरे का ताला खोलने को कहता हूँ
फिर कहा निराला ने चारों ओर घना है दुख का जंगल
बोले ब्रेष्ट मैं रहा खोजता इस दुख का कारण
निराला बोले मैं लड़ा कुलीनों से ब्राह्मण के घर के व्यंजन छोड़े
जो असली जन हैं समाज के महँगू और झींगुर जैसे
या इलाहाबाद के पथ की वह मज़दूरिन
उन पर जब लिक्खा मैंने
आलोचक बरसे मुझ पर कइयों ने कहा मुझे पागल
मरा हूँ हज़ार मरण

कहा ब्रेष्ट ने पूँजी और ताक़त की निर्मम चालों पर
मैंने भी क़लम चलाई उनके व्यवहारों को बारीक़ी से देखा
समाज की तलछट में रहनेवाले मुझे भी भले लगे
साधारण की हिम्मत और अच्छाई को दर्ज किया
अत्याचारी से बचने की तरकीबें खोजीं कई देश बदले
किसी तरह बच गया मृत्यु और यातना शिविरों से
जगह-जगह खोजता रहा शरण
कहा निराला ने जनता की ही तरह कविता की मुक्ति ज़रूरी है
बोले ब्रेष्ट जनता की मुक्ति में कविता बची हुई है
दो महाकवि गले मिले बोले फिर मिलते हैं
सपने में जाते दिखते थे दोनों ऐसे
जैसे जीवन में साथ रहा हो बरसों से।

1999

मरणोपरान्त कवि

बहुत ज़्यादा ख़ुशी को वह सन्देह से देखता था
इसलिए किसी क़िस्म के उल्लास की आवश्यकता नहीं है
वह ज़्यादा दुख के भी विरुद्ध था
इसलिए ग़मगीन दिखना चेहरे लटकाना व्यर्थ है
उसने कभी हुक्म नहीं दिये फ़ैसले नहीं किए
इसलिए हम भी ऐसा न करें
जैसा कि सब जानते हैं कि उसका घर ख़ाली है
ज़िन्दगी के हरे-भरे मैदान के पार चला गया है वह
यहाँ सिर्फ़ उसकी फ़ोटो बची है
जो हम सबको देखती हुई दिखती है
जैसा कि वह ख़ुद भी मानता था वह था एक सच्चा कवि
जो रंगों को सुन सकता था
संगीत को देख सकता था
शब्दों को जीवित वस्तुओं में बदल सकता था
और चाँद और दूसरी जिन चीज़ों का रहस्य जान लिया गया है
वहाँ नए सिरे से रहस्य छोड़ आता था
वही था हमारे समय का सच्चा एक विरोधी स्वर
व्यापक रूप से असहमत और अन्ततः असन्तुष्ट
सभी जानते हैं उसकी बातों को पचाना अकसर कितना कठिन था
और उस आकस्मिक अन्त समय में भी लगता था
वह लिखना कभी नहीं करेगा बन्द
हमारी आपकी सबकी नब्ज़ जैसे रहती थी उसके हाथ में

दरअसल वह भी क्या समय था कि उसके
ज़रा-सा लिखने से फैल जाती थी एक बड़ी-सी बेचैनी
और बाद में हमारे संवेदनशून्य समाज ने
उस पर ग़ौर करना ही कर दिया बन्द

तब भी वह अन्त तक हिलाता रहा इनकार में अपना सर
अब खेद है कि इतनी देर बार छप सका
उसकी बची-खुची कविताओं का यह संग्रह
लेकिन जो इसका पुख़्ता प्रमाण है
कि वक़्त के साथ बढ़ती गई है मरणोपरान्त हमारे कवि की ज़रूरत
और अब देश का सांस्कृतिक प्रतिष्ठान भी नहीं रहा उसके प्रतिकूल
बल्कि वही करता है कवि की स्मृति में ऐसे भव्य आयोजन
ताकि वह समा न जाए विस्मृति के विशाल गर्भ में
जिसमें समाये कवि मनीषी अनेकानेक
ताकि याद रहे उसका चेहरा उसने जो कुछ झेला
कि हृदयहीन लोग किस तरह उसे कहते रहे पागल
और बीड़ी का धुआँ भरा रहा उसके चेहरे की झुर्रियों में
उसकी नौकरियाँ छूटती रहीं
और वह जाता रहा बार-बार सभा से बाहर
ग़ौर से देखो तो वह अब भी जाता हुआ दिखाई देता है।

1996

ज्योतिष

आनेवाले समय में आएँगे अभी
अनेक दुर्भिक्ष महामारी बाढ़ महँगाई
पड़ोसी देशों से युद्ध भीतरी कलह
बतलाता है ज्योतिष
सम्पन्न लोगों के सितारे अब हैं और भी बुलन्द
भाग्य में है वैभव पदोन्नति राजसुख सुन्दर चितवन
उनकी अँगुलियों में माणिक्य पुखराज नीलम
आधुनिक वेशभूषा के भीतर बढ़ते तरह-तरह के तावीज़
उनके भीतर कई गुह्य मंत्र

और जो राज करते हैं करते ही चले जाएँगे राज
उनके दरबार में सधता रहेगा
असहाय ज्योतिष का पुण्य काज

बाक़ी लोग भटकते जेबों में रखे
छोटी फटी-पुरानी जन्मकुंडलियाँ अपनी बेटे-बेटियों की
जिस-तिस को ज्योतिषी जान
दिखलाते निकालकर जेब से मुड़े-तुड़े सौरमंडल
आय के घर में बैठे ख़र्च के ग्रह के
खिसकने का इन्तज़ार करते
लग्नेश को टेढ़ी निगाह से देखते भाग्येश की
कृपादृष्टि का मुँह ताकते
उच्च राशि में स्थित अपने निम्न ग्रह को कोसते
जीवन की टेढ़ी चाल को बतलाते शनि की चाल
एक क्रूर मंगल की छाया में सो जाते रोज़

नींद में उन्हीं को दिखता एक दुर्भिक्ष
महँगाई महामारी चारों ओर
नींद में कोई उन्हें गिरा देता बिस्तर से
दूर तक बहकर जाते उनके घर-असबाब
सुबह उठते वे
रात-भर किसी नक्षत्र के हाथों पिटे हुए।

1996

सात दिन का सफ़र

पहले एक साफ़ धुली हुई चादर की तरह सोमवार प्रकट होता है
और उम्मीद बँधती है कि इस लम्बे सफ़र में

कुछ नए सिरे से किया जा सकता है
हम रास्ते की दिक़्क़तों और उन्हें लाँघने की इच्छा का ख़ाका बनाते हैं
मंगलवार एक चट्टान की तरह है
एक दुविधापूर्ण स्थिति जहाँ यह पता नहीं चलता
कि आगे कौन-सा मोड़ या कैसी ढलान है
और उसके लिए कितना उत्साह या सावधानी हम में होनी चाहिए
बुधवार के पारदर्शी काँच से हम कुछ दूर तक देख सकते हैं
कि कुछ भी उस तरह आसान नहीं है जैसा हम सोचते थे
और असमंजस अनिश्चय धुँधलका पहले की ही तरह है
अगला दिन गुरुवार एक पड़ाव की तरह लगता है
क्योंकि हम आधे रास्ते तक आ गए हैं
और जान सकते हैं कि इन दुर्दिनों में हमारी ठीक-ठीक स्थिति क्या है
और शायद इसी में से कोई रास्ता निकलता है
इसी रास्ते पर शुक्रवार सान्त्वना देता हुआ आता है
लेकिन यह तय है कि हम अभी तक कुछ नहीं कर पाए हैं
और अब समय बहुत कम रह गया है
और हमने किसी को चिट्ठी तक नहीं लिखी
इसी घबराहट में हम शनिवार में प्रवेश करते हैं
जोकि दरअसल एक तहख़ाना है जहाँ यह कहना कठिन है
कि हम चल रहे हैं या रुके हुए हैं
और जब कोई पूछता है कि क्या हाल हैं
तो हम कहते हैं बतलाने के लिए कुछ ख़ास नहीं है
अगली सुबह इतवार आ जाता है
यह छुट्टी का दिन है चीज़ें अपनी प्रागैतिहासिक
निश्चेष्टता में पड़ी हैं किताबें औंधी रखी हैं
चाय ठंढी हो चुकी है सामने गन्दे कपड़ों का अम्बार लगा है
और बाहर दरवाज़े पर किसी की धीमी दस्तक है।

1998

क्रेमलिन कथा

मॉस्को का यह क़िला जो कभी टूटा कभी जला
बारहवीं से सत्रहवीं शताब्दी तक
हज़ारों-हज़ार शिल्पियों के हाथों फिर-फिर बना
रोमन और बारोक़ कला के वे शिखर
और गिरजाघरों के सुनहरे जटिल गुम्बद
जहाँ से धूप उतरती है और शहर की बर्फ़ में डूब जाती है
कहते हैं ज़ार के आदेश पर
इनके कलाकारों-कारीगरों के हाथ काट दिये गए थे
ताकि कहीं और अवतरित न हो सके ऐसी कला
हमारे ताजमहल के बारे में भी कहा जाता है यह सब
शासकों के क्रूर खेल किसी युग में नहीं बदलते
वे छीनते ही आये हैं कलाकारों से उनकी कला उनका जीवन

फिर बीसवीं सदी आयी
जब कहते हैं लेनिन ने ज़ार से छीनकर लौटाये कारीगरों के हाथ
ताकि बन सकें सबके लिए चौड़ी सड़कें बाँध और मज़बूत घर
इस तरह निर्मित हुए ज़िन्दगी के लम्बे पुल
आलिंगनों की तरह घेरते हुए विशाल चौराहे
और कवियों और मज़दूरों की भव्य प्रतिमाएँ
जो हवाओं के कान में हमेशा कुछ कहती हुई लगती हैं

अब कहाँ क्या करते हैं वे हाथ
क्रेमलिन के चर्च में प्रार्थना में झुका बेरोज़गार कारीगर कहता है
वे फिर से छीन लिये गए
अब वे महँगी कारें चलाते हैं

राहगीरों को लूटते हैं जुआघरों में क़िस्मत आज़माते हैं
रात्रिक्लबों में नाचती औरतों की पोशाकें नोचते हैं
अपने लिए एक-एक क्रेमलिन बनाने का सपना देखते हैं।

1998

अन्तिम प्रारूप

इस कविता का अन्तिम प्रारूप वह नहीं है
जो इसका पहला प्रारूप था मौलिक पारदर्शी और अभी जन्मा हुआ
इस बीच इसे कई बार लिखा और काटा और फाड़ा गया
कई शब्द लोगों की तरह अपनी जगहें छोड़कर चले गए
अनेक पंक्तियाँ छूट गईं जैसे भागते हुओं की चीज़ें छूटती हैं
एक गहरी नदी यहाँ से निकलकर अपनी रेत में छिप गई
एक पहाड़ जिसके भीतर बहुत से पहाड़ रहते थे
अपने ही दरवाज़ों के पीछे बन्द हो गया

पहले और अन्तिम प्रारूप के बीच कई वर्षों की बर्फ़ है
कई बुझे हुए तारे हैं जो रात के आकाश में बच्चों की तरह एकत्र होते थे
कई रातें जो कटे-फटे पर्दों की तरह झूलती हैं
और बीच में ही छूट गई वे स्त्रियाँ
जिनके सपने उनकी नींद से भी दूर तक जाते थे
और चुम्बन जो होंठों से सूखे पत्तों की तरह गिरते रहे
मुझसे एक सुन्दर रास्ता छूटा एक पेड़ एक विश्वास
एक बड़ी भावना खो गई कुछ क़लम और कुछ छाते खोए
अन्ततः एक दिन मैंने अपने पिता को खो दिया
पिछवाड़े जमा होता रहा जीवन का कबाड़

युवावस्था के चमकते आईने के टूटे हुए टुकड़े
पुरानी चिट्ठियों के मिटते हुए अक्षर

इस बीच मैं दूर-दूर गया बाज़ारों में भटकता रहा
जहाँ चीज़ें मनुष्य की विवशता पर खिलखिलाती थीं
प्रेम और रोटी की पीड़ा महसूस करने के लिए
कहीं लौटना सम्भव नहीं था
मैं किसी दूसरे की नींद सोया किसी दूसरे के जीवन में जागा
मेरे देखते ही देखते कुछ नायकों का अन्त हुआ
और कई खलनायकों ने प्रवेश किया मेरे घर में दिमाग़ में
मेरे परिचित कवियों के पते भी बदल गए
जो चेहरों पर अपनी कविता का प्रकाश लिए हुए चलते थे
और अब जो यह काँपती हुई-सी रोशनी है
कहना कठिन है कि अँधेरा शुरू होने के पहले की है
या उजाला ख़त्म होने के बाद की है

कविता के अन्तिम प्रारूप में बचा रहता है
अदृश्य कीड़ों का खाया हुआ एक कंकाल
कवि का छलनी हृदय
काग़ज़ों की समझ में न आनेवाली फड़फड़ाहट
जगह-जगह नक़ली अध्यात्म में डूबी प्रतिमाएँ
घटिया अनुष्ठानों को देखने दूर-दूर से चले आते लोग
रात-भर सड़क पर जलता
अपने ही ख़ालीपन को प्रकाशित करता अकेला बल्ब
और सुबह सुनाई देती एक आवाज़
रद्दी अख़बार कबाड़ीवाला रद्दी अख़बार।

1997

फ़ोन पर हालचाल

[विष्णु खरे के लिए]

फ़ोन पर हालचाल क्या बताया जाए
ठीक ही चल रहा है
जो कुछ है अच्छा है या फिर कुछ भी अच्छा नहीं
बतलाने को ख़ास यही है कि समय
कहाँ चला जाता है कुछ पता नहीं चलता
दिन कब रात की विशाल ऐश-ट्रे में बुझ जाता है
यह सप्ताह भी ऐसे ही एक शिकार की तरह
महीने के जबड़े में चला गया
जैसे महीने जाकर समा जाते हैं साल के मुँह में
क्या कहा जाए एक मनुष्य के भीतर क्या-क्या
छिपा रहता है कैसे उसे दिखलाया जाए
सुख कितनी जल्दी दुख में बदल जाता है
जैसे हथेली पर रखा हुआ सिक्का पलट दिया हो अचानक
बाक़ी यही लगता है कि बात करते हुए भी क्या बात करें
स्मृति कोई बिजली का बटन नहीं है
कि घंटी बजते ही आने लगे आवाज़
फिर भी किसी तरह काम चलता रहता है
यह सुनकर कि कोई कुछ कह रहा है और उसके पास
कहने के लिए और भी कुछ है
आश्चर्य और ख़ुशी की एक आहट आती और चली जाती है
या कोई अपने साथ हुए हादसे की सूचना देता है
तो कुछ देर को वही लगता है हमारे दौर का नायक
लेकिन कितने कम होते जा रहे हैं ऐसे भी लोग
जो बताना चाहते हों मन की कोई बात
ज़िन्दगी चाहे कितनी ही कठिन होती जाती हो

और उसकी कहानियाँ और भी टेढ़ी उलझी हुईं
जिन्हें कभी मिलने पर ही बताया जा, तो ठीक
हालाँकि अब ऐसी तरकीबें आने को हैं
कि बात करते हुए चेहरा दिखता रहे
ताकि आवाज़ चेहरे को जानने में भूल न करे
और न चेहरा आवाज़ पहचानने में
और अब शिकायतों के लिए भी मुलाक़ात की ज़रूरत नहीं रही
उन्हें इसी तरह दर्ज कराते रहें
तो शायद कभी सुनवाई हो
सम्भव है प्रेम के अभाव का रोना रोएँ
तो उधर से एक आवाज़ सुनाई दे हाँ या नहीं
और ख़ुद से भी किसलिए कहा जाए कि अपने जुनून पर क़ाबू करो
चुप रहो या इच्छाएँ व्यक्त ही न करो
जैसे जो पुरानी या बचपन की बातें हैं
उन्हें सुनाने में ही बहुत सारा समय बीत जाता है
इसीलिए लोग बात करते-करते चुपचाप फ़ोन रख देते हैं
क्योंकि बहुत कुछ इस पर निर्भर है
कि हम कितनी देर और कितनी दूर से बोल रहे हैं
और जो दूरी हमारे होने में पैदा हुई है
इसी देह और दिमाग़ में
उसकी क़ीमत क्या हम चुकाते रहेंगे इसी तरह से।

1997

दुख

मैं धारण करता हूँ वे शब्द
जो चेख़व की कहानी के साईस ने अपने घोड़े से कहे थे

मैं दुख हूँ
देर रात को धीरे-धीरे लौटता हूँ
मुझमें सुख की स्मृतियाँ हैं
मैं बना हूँ रसोईघरों में इकट्ठा हुए
आँसुओं के नमक से

लोग छोड़कर जाते हैं घर-द्वार
अनजान दुनिया में भटकते निरुद्देश्य
रोटी के बदले में बदल देते अपने नाम और विचार
मैं उनके पीछे-पीछे चलता हूँ
सर पर एक गठरी उठाए हुए
मैं थामता हूँ गिरते हुए कपड़ों को
बचाए रखता हूँ ख़ामोशी को

मैं एक विरोधपत्र हूँ
जिस पर उनके हस्ताक्षर हैं जो अब नहीं हैं
मैं सहेज कर रखता हूँ उनके नाम आनेवाली चिट्ठियाँ
मैं दुख हूँ
मुझमें एक धीमी काँपती हुई रोशनी है

मुझमें से गुज़रती हैं छायाएँ और श्रद्धांजलियाँ
गुज़रते हैं फूलों के हार
और समवेदना के बाद
जिनमें मुश्किल वक़्तों का ज़िक्र होता है
और आनेवाले दिनों के बारे में
एक उम्मीद जतलाई जाती है।

1996

जो बोलते हैं

जो बोलते हैं ज़ोरों से या ठंढी डपटती आवाज़ में
कहते हम फ़लाँ जगह से बोल रहे हैं
उनकी बातें याद रहती हैं दिमाग़ में बजती हुईं
हम ढोते रहते हैं उनका बोझ

जो बोलते हैं धीमे अपनी किसी दुर्बलता के साथ
काँपती हिचकती आवाज़ में कभी-कभी ग़ुस्से में
उनकी बात कभी-कभी याद आती है
रोज़मर्रा के मामूली काम करते हुए
अचानक रुक जाता है हाथ या पैर या दिमाग़
एक अकेलापन उठता है भीतर से।

1997

गाता हुआ लड़का

[रघुवीर सहाय की स्मृति को सादर]

दिल्ली में वह एक उमस का दिन था
बारह-तेरह बरस का लड़का
भीड़ भरी बस में गाता था एक ख़ुशी का मीठा गाना
गले में नन्हा हरमोनियम लटकाये
उसकी चारेक बरस की बहन माँगती थी पैसा
मुसाफ़िरों से घूम-घूमकर
जैसे यह भी एक खेल हो उसके बचपन का

लड़का बीच-बीच में उसे डाँटता अपने पास बुलाता था
कहीं गिर न जाए वह नीचे चलती बस से

वह बार-बार ऊपर करता अपनी फटी पैंट को
जो नीचे को खिसक रही थी
फिर भरपूर गले से गाता था किसी विकल राग के कच्चे-पक्के सुर
जिनमें नदियाँ बहती थीं पहाड़ पिघलते थे
जो बस की गर्मी और ऊँघकर जगे मुसाफ़िरों के ऊपर
बादल की-सी छाया देते थे

उसके गाने से चुप हो गया वह फ़िल्मी गाना
जो दिल्ली की बस में कानफोड़ अश्लील ढंग से रोज़ बजा करता है
यात्री देख रहे थे अचरज से उस नन्हे दीन-हीन को
टूटे थे जिसकी कमीज़ के बटन किसी औलिया जैसे
और वह गाता था उस्ताद सरीखा
जैसे गाता हो अपनी ही ख़ातिर अपने ही भीतर
पर उसकी बहना अपना काम नहीं भूली थी
भाई के गाने के एवज़ में आख़िर मिल ही गए उसे कुछ पैसे
कुछ महिलाओं ने उस पर ख़ास दया दिखलाई

मैंने भी झेंप मिटाने को रक्खा एक रुपैया उसके
गूँज रहे हरमोनियम पर
मुझे पता था भीख ग़रीब को और गिरा देती है नीचे
और इसलिए ज़्यादा नीचे गिरने से पहले ही
लड़का बस से उतर गया बहन का हाथ खींच कर
शायद किसी और बस में उस गाने के कुछ गाहक मिल जाएँगे
जिसको गा-गाकर कितने ही सफ़र किए होंगे उसने
आए याद मुझे पंडित भीमसेन जोशी
आज के बड़े प्रतापी गायक जो भागे थे घर से
संगीत सीखने जब वे ग्यारह के थे
क्या यह लड़का भी निकला होगा इसी तरह

वह गया हुआ ओझल
रस्ते भर रही मेरे साथ वह मीठी धुन
जिसमें उम्मीदें थीं और ख़ुशी थी
इस तरह महज़ एक रुपैये में मिली मुझे कविता
घर आकर मैंने वह धुन गाई मन में और रो पड़ा।

1997

चुम्बन

चुम्बनों का इतिहास मनुष्य जाति की ही तरह प्राचीन है लेकिन वह मशहूर या सबसे लम्बे या सबसे संक्षिप्त चुम्बनों के नीरस वर्णनों या विज्ञापनों से ज़्यादा कुछ नहीं है। चुम्बन एक ऐसी घटना है जो इतिहास के बाहर होती है। एक बिलकुल अवास्तविक संसार में स्त्री-पुरुष के दीप्त होंठ परस्पर इतने पास आ जाते हैं कि उनकी सिहरन भी सुनी जा सकती है। शरीर का तमाम रक्त होंठों की ओर दौड़ रहा है। सारे विचार होंठों पर इकट्ठा हो चुके हैं। एक नम हृदय होंठों तक पहुँच गया है और आत्मा भी वहीं निवास करने लगी है। यह एक ऐसा क्षण है जब एक फूल खिलता है कोई छोटी-सी चिड़िया उड़ान भरती है कहीं तारे चमकते हैं पृथ्वी के नीचे से पानी बहने की आवाज़ आती हैं लेकिन प्रकृति की ये सहज चीज़ें अस्तित्व को कँपा देनेवाले तरीक़े से घटित होती हैं।

अन्ततः रक्त पीछे लौटता है और हृदय उसे पूरे शरीर में भेजने की अपनी पुरानी भूमिका निभाने लगता है। विचार दिमाग़ में पुनः प्रवेश करते हैं और आत्मा ज़िन्दगी के बियाबान में लौट जाती है। अब सब कुछ सामान्य है। हम एक आँधी या एक आग से बचकर आए हैं। हम जीवित हैं और इतिहास में लौट चुके हैं और राहत की एक गहरी साँस ले रहे हैं।

1998

ली पाइ

बारह सौ वर्ष से भी पहले चीन में थांग राजवंश के समय महाकवि ली पाइ ने अपने एक प्रेम की स्मृति में लिखा था कि उस रात लीयांग के उद्यान में बर्फ़ गिर रही थी और भीषण शीत था लेकिन तुम्हें इसका एहसास नहीं हुआ। ली पाइ युद्ध से घृणा करता था उसे राजाओं श्रीमन्तों महामहिमों की परवाह नहीं थी और वह प्याले में गिरते चन्द्रमा के प्रकाश में शराब पीता बैठा रहता। युद्धों और उत्सवों के उन्मादी राजाओं ने उसे निर्वासन में भेज दिया तो वह जगह–जगह भटकता सरकारी टोप पहने हुए भेड़ियों–सियारों की करतूतें और युद्ध में लड़ते ग़रीबों की औरतों के आँसू अपनी कविता में दर्ज करता रहा। आज के कवि जानते हैं कि अब न लीयांग का वह बाग़ीचा है न उसकी रात न वह बर्फ़ और न वह बेसुधपन कहीं बचा है। बल्कि अब चारों ओर महामहिम हैं उनके युद्ध हैं या युद्ध स्तर पर मनाए जाते उत्सव हैं। फिर भी ये एक हड़बड़ी में रोज़ घरों से निकलकर भटकते हैं क्योंकि शायद महामहिमों से बचना और भेड़ियों–सियारों की करतूतों और औरतों के आँसुओं को दर्ज करना अब भी सम्भव है। क्योंकि शायद कहीं कोई बाग़ीचा है कोई रात है और वह आत्म–विस्मृति है जिसकी स्मृति को ली पाइ हज़ार साल से बचाए हुए है।

1998

धूल

धरती और धरती से बाहर की भी बहुत–सी चीज़ें क्योंकि धूल की बनी हैं। बुद्धिमान लोगों ने ठीक ही कहा है कि एक दिन सब कुछ यानी तमाम अभेद्य और अनश्वर कहा जानेवाला साज़ोसामान भी धूल हो जाता है। धूल से मुक्त रहने के लिए बनाई गई बन्द सुरक्षित चमचमाती जगहों में भी वह सहज अदृश्य और आश्चर्यजनक तरीक़े से प्रवेश करती है। वह एक समय के आलीशान महलों प्रतिमाओं और सिंहासनों को धूल के कंकालों में

बदल देती है और इतिहास की भूली-बिसरी जगहों में चुपचाप नृत्य करती रहती है। दूसरी तरफ़ लोग अपना बहुत-सा समय घरों और अपनी क़ीमती चीज़ों की धूल साफ़ करने में ही बिता देते हैं। वह उन्हें हमेशा उड़ती हुई दिखाई देती है जबकि असल में वह हमेशा कहीं बैठ रही होती है। जब हम किसी ग़रीब को डाँटते हैं तो वह उठकर अपने कपड़ों की धूल झाड़ने लगता है जो फिर कहीं शायद हमारे ही कपड़ों पर बैठ जाती है।

धूल चीज़ों जगहों और लोगों की कराह है। वह उनकी दबी-कुचली आत्मा है। कई चीज़ों से उठती हुई धूल आपस में मिलकर धूल की एक दीवार बनाती है और अन्याय की आँखों में घुसने की कोशिश करती रहती है।

1996

तुम्हारे भीतर

एक स्त्री के कारण तुम्हें मिल गया एक कोना
तुम्हारा भी हुआ इन्तज़ार

एक स्त्री के कारण तुम्हें दिखा आकाश
और उसमें उड़ता चिड़ियों का संसार

एक स्त्री के कारण तुम बार-बार चकित हुए
तुम्हारी देह नहीं गई बेकार

एक स्त्री के कारण तुम्हारा रास्ता अँधेरे में नहीं कटा
रोशनी दिखी इधर-उधर

एक स्त्री के कारण एक स्त्री
बची रही तुम्हारे भीतर।

1997

लौटा मैं इस बड़े शहर में

इस बड़े शहर में रहता मैं
एक आदमी अदना-सा था
उस छोटे क़स्बे में गया तो पाया
मेरा क़द बहुत बड़ा था

सभी देखते नज़र उठाकर
मुझको किसी बड़ी-सी आशा में
मैं भी पता नहीं क्या बोला उनसे
भीषण भरकम भाषा में

वाह-वाह कर सुनते थे मेरी कविता
कहते थोड़ी और पीजिए
बड़े शहर में जब हम आएँ
कृपया थोड़ा समय दीजिए

मार्ग दिखाते रहें कहा उन्होंने
नतमस्तक हो विदा समय
चला वहाँ से मैं शर्मिन्दा
लगा मुझे ख़ुद से ही भय

फिर गया गाँव अपने तो देखा
मुझसे लोग ज़रा सहमते थे
कैसा दुर्भाग्य मुझे वे
सबसे बड़ा मनुष्य समझते थे

तुम तो बड़े-बड़ों के संग
खाते-पीते ख़ूब मज़े से रहते होगे

इतनी अकल कमा ली तुमने
हमें याद क्यों करते होगे

बीस मिले बेरोज़गार कि छोटा-मोटा
काम कहीं दिलवाओ
दस वृद्धों ने कहा कि बेटा
ताक़त की बढ़िया दवा भिजवाओ

जल्दी ही कुछ करने अगली बार
दवा लाने का आश्वासन देकर
लौटा मैं इस बड़े शहर में
फिर से नीचा करने सिर।

1996

दूसरे लोग

दूसरे लोग भी पेड़ों और बादलों से प्यार करते हैं
वे भी चाहते हैं कि रात में फूल न तोड़े जाएँ
उन्हें भी नहाना पसन्द है एक नदी उन्हें सुन्दर लगती है

दूसरे लोग भी मानवीय साँचों में ढले हैं
थके-माँदे वे शाम को घर लौटना चाहते हैं
जो तुम्हारी तरह नहीं रहते वे भी रहते हैं यहाँ अपनी तरह से

यह प्राचीन नगर जिसकी महिमा का तुम बखान करते हो
सिर्फ़ धूल और पत्थरों का पर्दा है
और भूरी पपड़ी की तरह दिखता यह सिंहासन
जिस पर बैठकर न्याय किए गए

उसी के नीचे यहाँ हुए अन्याय भी दबे हैं
सभ्यता का गुणगान करनेवालो
तुम अगर सभ्य नहीं हो
तो तुम्हारी सभ्यता का क़द तुमसे बड़ा नहीं है
एक लम्बी शर्म से ज़्यादा कुछ नहीं है इतिहास

आग लगानेवालो
इससे दूसरों के घर मत जलाओ
आग मनुष्य की सबसे पुरानी अच्छाई है
यह आत्मा में निवास करती है और हमारा भोजन पकाती है
अत्याचारियो
तुम्हें अत्याचार करते हुए बहुत दिन हो गए
जगह-जगह पोस्टरों अख़बारों में छपे तुम्हारे चेहरे कितने विकृत हैं
तुम्हारे मुख से निकल रहा है झाग
और तुम जो कुछ कहते हो उससे लगता है
अभी नष्ट होनेवाला है बचाखुचा हमारा संसार।

1992

आयोजन

इन दिनों हर कोई जल्दी में है
लोग थोड़ी-थोड़ी देर के लिए झलकते हैं अकेले पीते हुए
धुँधले आकारों जैसे वे एक-दूसरे की तरफ़ आते हैं
उनके हाथ में होता है वही अकेलेपन का गिलास
अचानक मिलने की प्रसन्नता इतने दिन न मिलने का आश्चर्य
एक दिन दूर से जाते दिखे किसी मित्र का ज़िक्र
संकट के इस दौर में बढ़ते जाते हैं खानपान के आयोजन

धीमी रोशनी में छतों और दीवारों पर परछाइयाँ लम्बी होती जाती हैं
इससे पहले कि यह शानदार दावत
एक सस्ती-सी चिल्लाती हुई जगह में बदल जाए
इससे पहले कि ख़ुशी सिगरेट की तरह ख़त्म हो
हमें चल देना चाहिए वापस इसी भीड़ में

महान मित्रताएँ भी एक समय तक चलीं
अब ख़ाली कमरे में मेज़ पर एक गिलास रखा है
मित्रता के मार्मिक वर्णन से भरी एक किताब खुली पड़ी है
कि जब अन्ततः वे जुदा होने को हुए
तो देर तक काँपता रहा उनका अस्तित्व
उसके बाद वैसी मित्रता सम्भव नहीं हुई।

1998

ख़ुशी कैसा दुर्भाग्य

जिसने कुछ रचा नहीं समाज में
उसी का हो चला समाज
वही है नियन्ता जो कहता है तोड़ूँगा अभी और भी कुछ
जो है ख़ूँख़ार हँसी है उसके पास
जो नष्ट कर सकता है उसी का है सम्मान
झूठ फ़िलहाल जाना जाता है सच की तरह
प्रेम की जगह सिंहासन पर विराजती घृणा
बुराई गले मिलती अच्छाई से
मूर्खता तुम सन्तुष्ट हो तुम्हारे चेहरे पर उत्साह है
धूर्तता तुम मज़े में हो अपने विशाल परिवार के साथ
प्रसन्न है पाखंड कि अभी और भी मुखौटे हैं उसके पास
चतुराई कितनी आसानी से खोज लिया तुमने एक चोर दरवाज़ा

क्रूरता तुम किस शान से टहलती हो अपनी ख़ूनी पोशाक में
मनोरोग तुम फैलते जाते हो सेहत के नाम पर
ख़ुशी कैसा दुर्भाग्य
तुम रहती हो इन सबके साथ।

1998

अधूरी कविता

जो कविताएँ लिख ली गईं
उन्हें लिखना आसान था
अधूरी कविताओं को पूरा करना था कठिन
वे एक आग में जल रही थीं जंगलों की तरह
वे निगल लेती थीं सब कुछ
उनकी चिनगारियों से डर लगता था

वे ग़ुस्सैल थीं टेढ़ी-तिरछी
उन्हें रास्ते पर लाना कठिन था
सर्द रात में पुलों के नीचे वे कोहरे की तरह इकट्ठा होती थीं
पुलों से गुज़र जाते थे लोग अपने तामझाम के साथ

वे जिन काग़ज़ों पर लिखी जाती थीं
उन्हें फाड़ देती थीं गला देती थीं
वे फैलती-बिखरती जाती थीं
कविगण फिर भी ढोते रहते थे उनकी धूल
वे माँगती रहती थीं
ज़्यादा प्रेम ज़्यादा कोमलता ज़्यादा जोखिम

उनके भीतर था बहुत-सा कबाड़ कई घरेलू रहस्य
एक आतशी शीशा
जो इकट्‌ठा करता था सूरज की रोशनी को
उनमें एक साथ जन्म और मृत्यु का वर्णन था
वे छिपाये रहती थीं अपना शोक
लाचारी को भी इस तरह बतलाती थीं
जैसे वही हो अकेली सामर्थ्य

वे विरोध करती थीं
दूर जाने लगती थीं वहीं से पुकारती थीं
दूर से फेंकती थीं अपनी चमक अपनी परछाईं
वे बार-बार ठुकराती थीं उपलब्ध जीवन को।

1999

प्रतिकार

जो कुछ भी था जहाँ-तहाँ हर तरफ़
शोर की तरह लिखा हुआ
उसे ही लिखता मैं
संगीत की तरह।

1999

घटती हुई ऑक्सीजन

अकसर पढ़ने में आता है
दुनिया में ऑक्सीजन कम हो रही है

कभी ऐन सामने दिखाई दे जाता है कि वह कितनी तेज़ी से घट रही है
रास्तों पर चलता हूँ खाना खाता हूँ पढ़ता हूँ सोकर उठता हूँ
तो एक लम्बी जमुहाई आती है
जैसे ही किसी बन्द वातानुकूलित जगह में बैठता हूँ
उबासी का एक झोंका भीतर से बाहर आता है
एक ताक़तवर आदमी के पास जाता हूँ
तो तत्काल ऑक्सीजन की ज़रूरत महसूस होती है
बढ़ रहे हैं नाइट्रोजन सल्फ़र कार्बन के ऑक्साइड
और हवा में झूलते हुए चमकदार और ख़तरनाक कण
बढ़ रही है घृणा दमन प्रतिशोध और कुछ चालू क़िस्म की ख़ुशियाँ
चारों ओर गर्मी स्प्रे की बोतलें और ख़ुशबूदार फुहारें बढ़ रही हैं

अस्पतालों में दिखाई देते हैं ऑक्सीजन से भरे हुए सिलिंडर
नीमहोशी में डूबते-उतराते मरीज़ों के मुँह पर लगे हुए मास्क
और उनके पानी में बुलबुले बनाती हुई थोड़ी-सी प्राणवायु
ऐसी जगहों की तादाद बढ़ रही है
जहाँ साँस लेना मेहनत का काम लगता है
दूरियाँ कम हो रही हैं लेकिन उनके बीच निर्वात बढ़ते जा रहे हैं
हर चीज़ ने अपना एक दड़बा बना लिया है
हर आदमी अपने दड़बे में क़ैद हो गया है
स्वर्ग तक उठे हुए चार-पाँच-सात सितारा मकानात चौतरफ़ा
महाशक्तियाँ एक लात मारती हैं
और आसमान का एक टुकड़ा गिर पड़ता है
ग़रीबों ने भी बन्द कर लिये हैं अपनी झोपड़ियों के द्वार
उनकी छतें गिरने--गिरने को हैं
उनके भीतर की ऑक्सीजन वहाँ दबने जा रही है

आबोहवा की फ़िक्र में आलीशान जहाज़ों में बैठे हुए लोग
जा रहे हैं एक देश से दूसरे देश

ऐसे में मुझे थोड़ी ऑक्सीजन चाहिए
वह कहाँ मिलेगी
पहाड़ तो मैं बहुत पहले छोड़ आया हूँ
और वहाँ भी वह सिर्फ़ कुछ ढलानों-घाटियों के आसपास घूम रही होगी
जगह-जगह प्राणवायु के माँगनेवाले बढ़ रहे हैं
उन्हें बेचनेवाले सौदागरों की तादाद बढ़ रही है
भाषा में ऑक्सीजन लगातार घट रही है
उखड़ रही है शब्दों की साँस।

2012

नए युग में शत्रु

अन्ततः हमारा शत्रु भी एक नए युग में प्रवेश करता है
अपने जूतों कपड़ों और मोबाइलों के साथ
वह एक सदी का दरवाज़ा खटखटाता है
और उसके तहख़ाने में चला जाता है
जो इस सदी और सहस्राब्दी की ही तरह अथाह और अज्ञात है
वह जीत कर आया है और जानता है कि उसकी लड़ाइयाँ बची हुई हैं
हमारा शत्रु किसी एक जगह नहीं रहता
लेकिन हम जहाँ भी जाते हैं पता चलता है वह और कहीं रह रहा है
अपनी पहचान को उसने हर जगह घुला-मिला दिया है
जो लोग ऊँची जगहों में भव्य कुर्सियों पर बैठे हुए दिखते हैं
वे शत्रु नहीं सिर्फ़ उसके कारिन्दे हैं
जिन्हें वह भर्ती करता रहता है
ताकि हम उसे खोजने की कोशिश न करें

वह अपने को कम्प्यूटरों टेलीविज़नों मोबाइलों
आइपैडों की जटिल आँतों के भीतर फैला देता है

अचानक किसी महँगी गाड़ी के भीतर उसकी छाया नज़र आती है
लेकिन वहाँ पहुँचने पर दिखता है वह वहाँ नहीं है
बल्कि किसी नई और ज़्यादा महँगी गाड़ी में बैठ कर चल दिया है
कभी लगता है वह किसी फ़ैशन परेड में शिरकत कर रहा है
लेकिन वहाँ सिर्फ़ बनियानों जाँघियों और प्रसाधनों का ढेर दिखाई देता है
हम सोचते हैं शायद वह किसी ग़रीब के घर हमला करने चला गया है
लेकिन वह वहाँ से भी जा चुका है
वहाँ एक परिवार अपनी ग़रीबी में से झाँकता हुआ टेलीविज़न देख रहा है
जिस पर एक रंगीन कार्यक्रम आ रहा है

हमारे शत्रु के पास बहुत से फ़ोन नम्बर हैं ढेरों मोबाइल
वह लोगों को सूचना देता है आप जीत गए हैं
एक विशाल प्रतियोगिता में आपका नाम निकल आया है
आप बहुत सारा क़र्ज़ ले सकते हैं बहुत-सा सामान ख़रीद सकते हैं
एक अकल्पनीय उपहार आपका इन्तज़ार कर रहा है
लेकिन पलट कर फ़ोन करने पर कुछ नहीं सुनाई देता।

हमारा शत्रु कभी हमसे नहीं मिलता सामने नहीं आता
हमें ललकारता नहीं
हालाँकि उसके आने-जाने की आहट हमेशा बनी हुई रहती है
कभी-कभी उसका सन्देश आता है कि अब कहीं शत्रु नहीं हैं
हम सब एक दूसरे के मित्र हैं
आपसी मतभेद भुलाकर आइए हम एक ही प्याले से पिएँ
वसुधैव कुटुम्बकम् हमारा विश्वास है
धन्यवाद और शुभरात्रि।

2012

बची हुई जगहें

रोज़ कुछ भूलता कुछ खोता रहता हूँ
चश्मा कहाँ रख दिया है क़लम कहाँ खो गया है
अभी-अभी यहाँ नीला रंग देखा था वह पता नहीं कहाँ चला गया
चिट्ठियों के जवाब देना क़र्ज़ की क़िस्तें चुकाना भूल जाता हूँ
दोस्तों को सलाम और विदा कहना याद नहीं रहता
अफ़सोस प्रकट करता हूँ कि मेरे हाथ ऐसे कामों में उलझे रहे
जिनका मेरे दिमाग़ से कोई मेल नहीं था
कभी ऐसा भी हुआ जो कुछ भूला था उसका याद न रहना भूल गया

माँ कहती थी उस जगह जाओ
जहाँ आख़िरी बार तुमने उन्हें देखा उतारा या रखा था
अमूमन मुझे वे चीज़ें मिल जातीं और मैं ख़ुश हो उठता
माँ कहती थी चीज़ें जहाँ होती हैं
अपनी एक जगह बना लेती हैं और वह आसानी से मिटती नहीं
माँ अब नहीं है सिर्फ़ उसकी जगह बची हुई है

चीज़ें खो जाती हैं लेकिन जगहें बनी रहती हैं
हम कहीं और चले जाते हैं अपने घरों लोगों अपने पानी और पेड़ों से दूर
मैं जहाँ से एक पत्थर की तरह खिसककर चला आया
उस पहाड़ में भी एक छोटी-सी जगह बची होगी
इस बीच मेरा शहर एक विशालकाय बाँध के पानी में डूब गया
उसके बदले वैसा ही एक और शहर उठा दिया गया
लेकिन मैंने कहा मेरा शहर एक ख़ाली जगह है
घटनाएँ विलीन हो जाती हैं
लेकिन वे जगहें बनी रहती हैं जहाँ से घटित हुई थीं
जमा होती जाती हैं साथ चलती रहती हैं
याद दिलाती हुईं कि हम क्या भूल गए हैं और हमने क्या खो दिया है।

2012

आदिवासी

इन्द्रावती गोदावरी शबरी स्वर्णरेखा तीस्ता बराक कोयल
सिर्फ़ नदियाँ नहीं उनके वाद्ययंत्र हैं
मुरिया बैगा संथाल मुंडा उराँव डोंगरिया कोंध पहाड़िया
महज़ नाम नहीं वे राग हैं जिन्हें वह प्राचीन समय से गाता आया है
और यह गहरा अरण्य उसका अध्यात्म नहीं उसका घर है

कुछ समय पहले तक वह अपनी तस्वीरों में
एक चौड़ी और उन्मुक्त हँसी हँसता था
उसकी देह नृत्य की भंगिमाओं के सहारे टिकी रहती थी
एक युवक एक युवती एक दूसरे की ओर इस तरह देखते थे
जैसे वे जीवन-भर इसी तरह एक दूसरे की ओर देखते रहेंगे
युवती बालों में एक फूल खोंसे हुए
युवक के सर पर बँधी हुई एक बाँसुरी अपने आप बजती हुई लगती थी

अब क्षितिज पर बार-बार उसकी काली देह उभरती है
वह कभी उदास और कभी डरा हुआ दिखता है
उसके आसपास पेड़ बिना पत्तों के हैं और मिट्टी बिना घास की
यह साफ़ है कि उससे कुछ छीन लिया गया है
उसे अपने अरण्य से दूर ले जाया जा रहा है
अपने लोहे कोयले और अभ्रक से दूर
घास की ढलानों से तपती हुई चट्टानों की ओर
सात सौ साल पुराने हरसूद से एक नए और बियाबान हरसूद की ओर
पानी से भरी हुई टिहरी से नई टिहरी की ओर जहाँ पानी ख़त्म हो गया है
वह कैमरे की तरफ़ ग़ुस्से से देखता है
और अपने अमर्ष का एक आदिम गीत गाता है

उसने किसी तरह एक बाँसुरी और एक तुरही बचा ली है
एक फूल एक माँदर एक धनुष बचा लिया है

अख़बारी रिपोर्टें बतलाती हैं कि जो लोग उस पर शासन करते हैं
देश के 636 में से 230 ज़िलों में
उनका उससे मनुष्यों जैसा कोई सरोकार नहीं रह गया है
उन्हें सिर्फ़ उसके पैरों तले की ज़मीन में दबी हुई
सोने की एक नई चिड़िया दिखाई देती है
एक दिन वह अपने वाद्ययंत्रों को पुकारता है
अपनी नदियों जगहों और नामों को
अपने लोहे कोयले और अभ्रक को बुला लाता है
अपने माँदर तुरही और बाँसुरी को ज़ोरों से बजाने लगता है
तब जो लोग उस पर शासन करते हैं
वे तुरन्त अपनी बन्दूकें निकाल कर ले आते हैं।
2012

यथार्थ इन दिनों

मैं जब भी यथार्थ का पीछा करता हूँ
देखता हूँ वह भी मेरा पीछा कर रहा है मुझसे तेज़ भाग रहा है
घर हो या बाज़ार हर जगह उसके दाँत चमकते हुए दिखते हैं
अँधेरे में रोशनी में
घबराया हुआ मैं नींद में जाता हूँ तो वह वहाँ मौजूद होता है
एक स्वप्न से निकलकर बाहर आता हूँ
तो वह वहाँ भी पहले से घात लगाए हुए रहता है

यथार्थ इन दिनों इतना चौंधियाता हुआ है
कि उससे आँखें मिलाना मुश्किल है
मैं उसे पकड़ने के लिए आगे बढ़ता हूँ
तो वह एक हिंस्र जानवर की तरह हमला करके निकल जाता है
सिर्फ़ कहीं-कहीं उसके निशान दिखाई देते हैं
किसी सड़क पर जंगल में पेड़ के नीचे

एक झोंपड़ी के भीतर एक उजड़ा हुआ चूल्हा एक ढही हुई छत
छोड़कर चले गए लोगों का एक सुनसान

एक मरा हुआ मनुष्य इस समय
जीवित मनुष्य की तुलना में कहीं ज़्यादा कह रहा है
उसके शरीर से बहता हुआ रक्त
शरीर के भीतर दौड़ते हुए रक्त से कहीं ज़्यादा आवाज़ कर रहा है
एक तेज़ हवा चल रही है
और विचारों स्वप्नों स्मृतियों को
फटे हुए काग़ज़ों की तरह उड़ा रही है
एक अँधेरी-सी काली-सी चीज़
हिंस्र पशुओं से भरी हुई रात[1] चारों ओर इकट्ठा हो रही है
एक लुटेरा एक हत्यारा एक दलाल
आसमानों पहाड़ों मैदानों को लाँघता हुआ जा रहा है
उसके हाथ धरती के मर्म को दबोचने के लिए बढ़ रहे हैं

एक आदिवासी को उसके जंगल से खदेड़ने का ख़ाका बन चुका है
विस्थापितों की एक भीड़
अपनी बचीखुची गृहस्थी को पोटलियों में बाँध रही है
उसे किसी अज्ञात भविष्य की ओर ढकेलने की योजना तैयार है
ऊपर आसमान में एक विकराल हवाई जहाज़ बम बरसाने के लिए तैयार है
नीचे घाटी में एक आत्मघाती दस्ता
अपने सुन्दर नौजवान शरीरों पर बम और मिसाइलें बाँधे हुए है
दुनिया के राष्ट्राध्यक्ष अंगरक्षक सुरक्षागार्ड सैनिक अर्द्धसैनिक बल
गोलियों बन्दूक़ों रॉकेटों से लैस हो रहे हैं
यथार्थ इन दिनों बहुत ज़्यादा यथार्थ है
उसके शरीर से ज़्यादा दिखाई दे रहा है उसका रक्त।

2010

---

1. निराला की कविता 'शिशिर की शर्वरी' का सन्दर्भ

ग़ुलामी

इन दिनों कोई किसी को अपना दुख नहीं बताता
हर कोई कुछ छिपाता हुआ दिखता है
दुख की छोटी-सी कोठरी में कोई रहना नहीं चाहता
कोई अपने अकेलेपन में नहीं मिलना चाहता
लोग हर वक़्त लोगों से घिरे हुए रहते हैं
अपनी सफलताओं से अपनी ताक़त से पैसे से अपने सुरक्षाबलों से
कुछ पूछने पर तुरन्त हँसते हैं
जिसे इन दिनों के आम चलन में प्रसन्नता माना जाता है
उदासी का पुराना कबाड़ कबका पिछवाड़े फेंक दिया गया है
उसका ज़माना ख़त्म हुआ
अब यह आसानी से याद नहीं आता कि आख़िरी शोकगीत कौन-सा था
आख़िरी उदास फ़िल्म कौन-सी थी जिसे देखकर हम लौटे थे

ज़्यादातर चीज़ें उलट-पुलट हो गई हैं
इन दिनों दिमाग़ पर पहले क़ब्ज़ा कर लिया जाता है
ज़मीनों पर क़ब्ज़ा करने के लिए लोग बाद में उतरते हैं
इस तरह नई ग़ुलामियाँ शुरू होती हैं
तरह-तरह की सस्ती और महँगी चमकदार रंग-बिरंगी
कई बार वे खाने-पीने की चीज़ों से ही शुरू हो जाती हैं
और हम सिर्फ़ एक स्वाद के बारे में बात करते रह जाते हैं
कोई चलते-चलते हाथ में एक आश्वासन थमा जाता है
जिस पर लिखा होता है 'मेड इन अमेरिका'

नए ग़ुलाम इतने मज़े में दिखते हैं
कि उन्हें किसी दुख के बारे में बताना कठिन लगता है
और वे संघर्ष जिनके बारे में सोचा गया था कि ख़त्म हो चुके हैं

फिर से वहीं चले आते हैं जहाँ से शुरू हुए थे
वह सब जिसे बेहतर हो चुका मान लिया गया था
पहले से ख़राब दिखता है
और यह भी तय है कि इस बार लड़ना ज़्यादा कठिन है
क्योंकि ज़्यादातर लोग अपने को जीता हुआ मानते हैं और हँसते हैं
हर बार कुछ छिपाते हुए लगते हैं
कोई हादसा जिसे बार-बार अनदेखा किया जाता है
उसकी एक बची हुई चीख़ जो हमेशा अनसुनी छोड़ दी जाती है।

2011

नया बैंक

नया बैंक पुराने बैंक की तरह नहीं है
उसमें पुराने बैंक की कोई छाया नहीं है
उसका लोहे की सलाख़ों वाला दरवाज़ा और पुराना अँधेरा नहीं है
लॉकर और स्ट्रांगरूम नहीं है
जिसकी चाभियाँ वह ख़ुद से भी छिपाकर रखता था
वह एक सपाट और रोशन जगह है विशाल काँच की दीवार के पार
एअरकंडीशनर भी बहुत तेज़ है
जहाँ लोग हाँफते पसीना पोंछते आते हैं
और तुरन्त कुछ राहत महसूस करते हैं

नए बैंक में एक ठंढी पारदर्शिता है
नया बैंक अपने को हमेशा चमका कर रखता है
उसका फ़र्श लगातार साफ़ किया जाता है
वह अपने आसपास ठेलों पर सस्ती चीज़ें बेचने वालों को भगा देता है
और वहाँ कारों के लिए क़र्ज़ देने वाली गुमटियाँ खोल देता है
बैंक के भीतर मेज़ें-कुर्सियाँ और लोग इस तरह टिके हैं

जैसे वे अभी-अभी आए हों उनकी कोई जड़ें न हों सब कुछ अस्थायी हो
नया बैंक पुराने बैंक से कोई भाईचारा महसूस नहीं करता
वह उसे कहीं दूर ढकेल देना चाहता है

नए बैंक में वे ख़ज़ांची नहीं हैं जो महान गणितज्ञों की तरह बैठे होते थे
किसी अँधेरे से रहस्यमय पूँजी को निकालते थे
और एक प्रमेय की तरह हल कर देते थे
वे प्रबन्धक नहीं हैं
जो बूढ़े लोगों की पेंशन का हिसाब सँभाल कर रखते थे
नया बैंक सिर्फ़ दिये जानेवाले क़र्ज़
और लिये जानेवाले ब्याज का हिसाब रखता है
प्रोसेसिंग शुल्क मासिक क़िस्त चक्रवृद्धि ब्याज
लेट पेमेंट चार्जेज और पैनल्टी वसूलता है
और एक जासूस की तरह देखता है कि कौन अमीर हो रहा है
किसका पैसा कम कम हो रहा है कौन दिवालिएपन के कगार पर है
और किसका खाता बन्द करने का समय आ गया है।

2011

टॉर्च

मेरे बचपन के दिनों में
एक बार मेरे पिता एक सुन्दर-सी टॉर्च लाए
जिसके शीशे में खाँचे बने हुए थे
जैसे आजकल कारों की हेडलाइट में होते हैं
हमारे इलाक़े में रोशनी की वह पहली मशीन थी
जिसकी शहतीर एक चमत्कार की तरह रात को दो हिस्सों में बाँट देती थी

एक सुबह मेरी पड़ोस की एक दादी ने पिता से कहा
बेटा इस मशीन से चूल्हा जलाने के लिए थोड़ी-सी आग दे दो
पिता ने हँस कर कहा चाची इसमें आग नहीं होती सिर्फ़ उजाला होता है
इसे रात होने पर जलाते हैं
और इससे पहाड़ के ऊबड़-खाबड़ रास्ते साफ़ दिखाई देते हैं
दादी ने कहा उजाले में थोड़ा आग भी होती तो कितना अच्छा था
मुझे रात से ही सुबह का चूल्हा जलाने की फ़िक्र रहती है
पिता को कोई जवाब नहीं सूझा वे ख़ामोश रहे देर तक

इतने वर्ष बाद वह घटना टॉर्च की वह रोशनी
आग माँगती दादी और पिता की ख़ामोशी चली आती है
हमारे वक़्त की विडम्बना में कविता की तरह।

2012

पंचम

किराना घराने के सबसे अज़ीम गायक
अब्दुल करीम ख़ाँ से एक दिन उनके एक मुरीद ने पूछा
उस्ताद आपने तो सातों सुर साध लिये हैं अब कुछ बचा नहीं
खरज से निखाद तक तीनों पर्दों के आरपार जाती है आपकी मीठी आवाज़

करीम ख़ाँ बोले कहाँ बेटा सिर्फ़ पंचम को मैं थोड़ा समझ पाया हूँ
और अब इस उम्र में क्या कर पाऊँगा
मुरीद भी उदास हो गए
उन्हें उम्मीद थी उस्ताद कुछ और रोशनी डालेंगे
अपनी आवाज़ पर अपने बेजोड़ रियाज़ पर

बहुत पहले किसी किताब में पढ़ा था यह वाक़या
उसे याद करते हुए सहसा हाथ रुक जाता है
जब भी लिखने बैठता हूँ कोई कविता।

2012

यह नम्बर मौजूद नहीं

दिस नम्बर डज़ नॉट एग्ज़िस्ट
जहाँ भी जाता हूँ जो भी फ़ोन मिलाता हूँ
अकसर एक बेगानी-सी आवाज़ सुनाई देती है
दिस नम्बर डज़ नॉट एग्ज़िस्ट यह नम्बर मौजूद नहीं है
कुछ समय पहले इस पर मिला करते थे बहुत-से लोग
कहते आ जाओ हम तुम्हें पहचानते हैं
इस अन्तरिक्ष में तुम्हारे लिए भी बना दी गई है एक जगह

लेकिन अब वह नम्बर मौजूद नहीं है वह कोई पहले का नम्बर था
उन पुराने पतों पर बहुत कम लोग बचे हुए हैं
जहाँ आहट पाते ही दरवाज़े खुल जाते थे
अब घंटी बजाकर कुछ देर सहमे हुए बाहर खड़े रहना पड़ता है
और आख़िरकार जब कोई प्रकट होता है
तो मुमकिन है उसका हुलिया बदला हुआ हो
या वह कह दे मैं वह नहीं हूँ जिससे तुम बात करते थे
यह वह नम्बर नहीं है जिस पर तुम सुनाते थे अपनी तकलीफ़

जहाँ भी जाता हूँ देखता हूँ बदल गए हैं नम्बर नक़्शे चेहरे
नाबदानों में पड़ी हुई मिलती हैं पुरानी डायरियाँ
उनके नाम धीरे-धीरे पानी में घुलते हुए
अब दूसरे ही नम्बर मौजूद हैं पहले से कहीं ज़्यादा तार-बेतार

उन पर कुछ दूसरी तरह के वार्तालाप
महज़ व्यापार महज़ लेनदेन ख़रीद-फ़रोख़्त की आवाज़ें
लगातार अजनबी होती हुईं

जहाँ भी जाता हूँ हताशा में कोई नम्बर मिलाता हूँ
उस आवाज़ के बारे में पूछता हूँ जो कहती थी
दरवाज़े खुले हुए हैं तुम यहाँ रह सकते हो
चले आओ थोड़ी देर के लिए यों ही कभी भी इस अन्तरिक्ष में।

2007

ताक़त की दुनिया

ताक़त की दुनिया में जाकर मैं क्या करूँगा
मैं सैकड़ों हज़ारों जूते चप्पल लेकर क्या करूँगा
मेरे लिए एक जोड़ी जूते ही ठीक से रखना कठिन है
हज़ारों लाखों कपड़ों मोज़ों दस्तानों का मैं क्या करूँगा
मैं इतने सारे कपरों का क्या करूँगा
यह दुनिया घर है कोई होटल नहीं
और मेरी नींद का आकार हद से हद एक चिड़िया के बराबर है
मैं सिक्कों पर अपना नाम और चेहरा क्यों खुदवाऊँगा
मैं जानता हूँ बाज़ार से बाहर उनका कोई मोल नहीं है
मैं क्यों बनवाऊँगा कोई मन्दिर मस्जिद गिरजा या ऐसा ही कुछ
मुझे पता है वहाँ कोई ईश्वर नहीं रहता
मैं क्यों जमा करूँगा इतने टोप तमग़े छाते इतने घोड़े कुत्ते
हीरे मोती इतना हरबा हथियार ऐसे-ऐसे जहाज़
मैं क्यों रहने जाऊँगा चाँद पर
वह मुझे धरती से ही दिखाई देता है बहुत सुन्दर
तीन डग में ही मैं क्यों नाप लूँगा तीन लोक

सब कुछ छीनकर किसी को क्यों भेजूँगा पाताल
मैं क्यों क़ब्ज़ा करूँगा इस धरती पर
किसी को ज़रूरत हुई तो दे दूँगा उसे जो भी होंगे मेरे खेत खलिहान
मैं कोई दरिन्दा नहीं जो किसी धरती पर बम गिराने चला जाऊँगा
मैं मनुष्य हूँ
तेल पीते और ख़ून चूसते हुए मैं क्यों बिता दूँगा अपना जीवन।

2006

छुओ

उन चीज़ों को छुओ जो तुम्हारे सामने मेज़ पर रखी हैं
घड़ी क़लमदान एक पुरानी चिट्ठी
बुद्ध की प्रतिमा बेर्टोल्ट ब्रेष्ट और चे गेवारा की तस्वीरें
दराज़ खोलकर उसकी पुरानी उदासी को छुओ
शब्दों की अँगुलियों से एक ख़ाली काग़ज़ को छुओ
वॅन गॉग की पेंटिंग के स्थिर जल को एक कंकड़ की तरह छुओ
जो उसमें जीवन की हलचल शुरू कर देता है[1]
अपने माथे को छुओ
और देर तक उसे थामे रहने में शर्म महसूस मत करो
छूने के लिए ज़रूरी नहीं कोई बिलकुल पास में बैठा हो
दूर भी से छूना सम्भव है
उस चिड़िया की तरह दूर से ही जो अपने अंडों को सेती रहती है

कृपया छुएँ नहीं या छूना मना है जैसे वाक्यों पर विश्वास मत करो
यह लम्बे समय से चला आ रहा एक षड्यंत्र है
तमाम धर्मगुरु ध्वजा-पताका-मुकुट-उत्तरीयधारी

---

1. जापानी फ़िल्मकार अकीरा कुरोसावा की फ़िल्म 'ड्रीम्स' का एक अंश

बमबाज़ जंगख़ोर सबको एक दूसरे से दूर रखने के पक्ष में हैं
वे जितनी गन्दगी जितना मलबा उगलते हैं
उसे छूकर ही साफ़ किया जा सकता है
इसलिए भी छुओ भले ही इससे चीज़ें उलट-पुलट हो जाएँ
इस तरह मत छुओ जैसे भगवान महंत मठाधीश भक्त चेले
एक दूसरे के सिर और पैर छूते हैं
बल्कि ऐसे छुओ जैसे
लम्बी घासें चाँद-तारों को छूने-छूने को होती हैं[1]
अपने भीतर जाओ और एक नमी को छुओ
देखो वह बची हुई है या नहीं इस निर्मम समय में।

2006

भूमंडलीकरण

अचानक किसी चीज़ से टकराकर लड़खड़ाता हूँ
तो जैसे अपने ही भीतर से आवाज़ आती है हा हा हा
कुछ कहते हुए थोड़ी देर में हकलाने लगता हूँ
तो कोई कहता है तुम फिर पकड़ लिये गए
कोई है जो मेरी तलाशी ले रहा है
मेरे लिखे हुए शब्दों को उल्टी तरफ़ से पढ़ रहा है
मेरी भाषा में उगे हुए पेड़ों पहाड़ों को समतल कर रहा है
उसकी नदियों का पानी सुखा रहा है

इन दिनों लोगों को परवाह नहीं उनके साथ क्या हो रहा है
कोई अन्याय को महसूस नहीं करता
लोग अत्याचार को धूल की तरह झाड़ देते हैं
सहसा चिल्ला उठते हैं नहीं नहीं

1. शमशेर बहादुर सिंह की एक कविता पंक्ति

कहीं से तुरन्त कोई ख़ुशी खोजकर ले आते हैं
उसे जमा कर लेते हैं अपने पास जैसे वह सिर्फ़ उनके लिए बनी हो
बहुत सारे कपड़े और जूते पहन लेते हैं बहुत सारा खाना खा लेते हैं
एक महँगा मोबाइल निकालते हैं अपने अश्लील सन्देशों के साथ
दंगों में मारे गए लोगों के घरों से उठाकर ले आते हैं
एक टेलीविज़न ताकि जारी रह सके मनोरंजन

बड़ी तेज़ी से दुनिया बनती जा रही है एक बड़ा गाँव
लोभ क्रोध ईर्ष्या द्वेष के लिए अब कहीं नहीं जाना पड़ता
हर चीज़ समान रूप से मिलने लगी है हर जगह
मनुष्यों के सम्बन्ध बहुत पतले तारों से बाँध दिये गए हैं
जो बात-बात में टूट जाते हैं
उन्हें जोड़ने के लिए फिर से जाना होता है बाज़ार
जहाँ तमाम स्वादिष्ट चीज़ें एक बेस्वाद जीवन को घेरे हुए हैं
और इतनी आपाधापी है कि दाएँ हाथ को बायाँ हाथ नहीं सूझता
हालाँकि दोनों हाथ लगातार तालियाँ बजाते हैं

कोई है जो हमारे कपड़ों में छेदों को खोज रहा है
ताकि उनमें अपने हाथ कुहनियाँ और पैर डाले जा सकें
कोई है जो हमारे भीतर ख़ाली जगह देख रहा है
ताकि वहाँ ठूँसा जा सके बचा-खुचा खाना
कोई है जो हमारे जबड़ों को जाँच रहा है
ताकि वहाँ लालच के कुछ कौर रखे जा सकें
कोई हमसे तपाक से हाथ मिला रहा है
हमारी गर्दनों को फूलमालाओं से लाद रहा है
कोई हमें लगातार युद्ध के मैदान की तरफ़ ले जा रहा है
और कह रहा है धीरे-धीरे जब तुम बहुत कम मनुष्य रह जाओगे
तो खेल के अन्त में तुम्हें मिलेगा एक बड़ा-सा पुरस्कार।

2008

कुशल प्रबन्धन

एक कुशल प्रबन्धन के तहत हमारी इमारतें लगातार ऊँची हो रही हैं
उनके अहाते पूरी दुनिया में फैले हुए हैं
हालाँकि उनका मुख्य द्वार एक ही है
एक कुशल प्रबन्धन के तहत
होटलों दूकानों अस्पतालों में तब्दील हो रहा है संसार
एक-सी ख़ूबी के साथ प्रबन्धित किए जा रहे हैं
मल्टीप्लैक्स और मेगामॉल गुआन्तेनामो और अबू ग़रेब के यातना कक्ष
एक ही सिनर्जी के तहत प्रबन्धनीय हो चली है अमीरी और ग़रीबी
स्वर्गिक सुखों वाली रिहाइशें और उजड़ती हुई बस्तियाँ

युद्ध भी कुशल प्रबन्धन का एक प्रिय विषय है
जब सोच-समझकर शहरों पर बम गिराये जाते हैं
तो अनजाने ही वे हज़ारों लोगों को मार लाते हैं
कई बार हमारे खाद्य पदार्थ ही प्रक्षेपास्त्र बन जाते हैं
जिनकी मार बाहर से नज़र नहीं आती
शिकारी और शिकार कितनी ही दूर और छिपकर बैठे हों
एक परफ़ेक्ट मैनेजमेंट के हाथ
उन्हें खींचकर एक दूसरे के पास ले जाते हैं

अन्याय का पता न चलने देना अन्याय का कुशल प्रबन्धन है
लूट का न दिखना लूट की कला है
दुनिया में कुछ भी अच्छा या बुरा नहीं है
बल्कि सब कुछ अत्यन्त प्रबन्धनीय है
बशर्ते एक व्यवस्था के बिगड़ते ही
हम तुरन्त दूसरी व्यवस्था का प्रबन्धन कर सकें
एक पृथ्वी के बुझने पर तुरन्त हाज़िर हो सके दूसरी पृथ्वी
और यह पृथ्वी भी जो बाहर से एक दिखती है

गोल और सुन्दर घूमती हुई
दरअसल भीतर से कई गोलार्धों में बँटी हुई है
और हमारे कुशल प्रबन्धन के तहत और भी ज़्यादा बँटती जा रही है।

2008

न्यू ऑर्लींस में जैज़

शराब की जो बोतलें अमेरिका में भरी हुई दिखी थीं
वे यहाँ ख़ाली और टूटी हुई हैं
सड़कों के किनारे बिखरे हुए नुकीले काँच और पत्थर
जैज़ जैज़ जैज़ एक लम्बी कठिन अछोर गली
दोनों तरफ़ गिलासों के जमघट उनमें शराब काँपती है
लोग उसमें अपनी तकलीफ़ को रोटी की तरह डुबोकर खाते हैं
गोरा होटल का मैनेजर कहता है उधर मत जाइए
वहाँ बहुत ज़्यादा अपराध हैं
यहाँ के टूरिस्ट निर्देशों को ग़ौर से पढ़िए
अमेरिका के पाँच सबसे हिंसक शहरों में है न्यू ऑर्लींस

चन्द्रमा अपने सारे काले बेटे यहाँ भेज देता है
रात अपनी तमाम काली बेटियाँ यहाँ भेज देती है
यहाँ तारे टूट कर गिरते हैं और मनुष्य बन जाते हैं
जैज़ जैज़ जैज़ नशे की एक नदी है मिसीसिपी
फ्रेंच क्वार्टर में तीन सौ साल पहले आए थे ग़ुलाम
अफ़्रीक़ा से भैंसों की फ़ौज[1] की तरह लाए हुए
जैसे ही कोड़ों की मार कुछ कम होती
वे फिर से करने लगते गाने और नाचने का अपना प्रिय काम

---

1. अश्वेत ब्लू गीत 'बफ़ैलो सोल्जर कॉट इन अफ़्रीक़ा'

उन्हें हुक्म दिया जाता मेज़ पर नहीं रसोईघरों में खाओ[1]
वे हँसते हुए जाते खाते और नाचते
एक चतुर क्रूर सभ्यता के लिए उन पर शासन करना कितना कठिन
उनके लिए बने सारे नियम और वे तोड़ते रहे सारे नियम

आते और जाते हैं कितने ही अत्याचारी
फ़्रांसीसी स्पानी अमेरिकी इनसानों के ख़रीदार
समुद्र से उठते हुए कितने ही तूफ़ान
हरिकेन बेट्सी रीटा कैटरीना
तब भी प्रेम की तलाश ख़त्म नहीं होती इस दुनिया में
जहाँ हर चीज़ पर डॉलर में लिखी हुई है उसकी क़ीमत

जब क्लैरिनेट के रन्ध्रों से अँधेरा बह रहा था
ट्रंपेट के गले से रुँधी हुई कोई याद बाहर आ रही थी
जब सैक्सोफ़ोन के स्वर नदी के ऊपर घुमड़ रहे थे
जब एक ट्रोंबोन शहर के दिल की तरह चमक रहा था
मुझे दिखा एक मनुष्य काला वह ब्रेड खा रहा था
वह हँस रहा था बढ़ रहा था मेरी तरफ़ हाथ मिलाने के लिए
उसके मुँह में हँसी तारों जैसी चमकती थी
उसे बुलाती हुई दूर से आई एक स्ट्रीटकार
उसका नाम था डिज़ायर[2]
दूर एक होटल में टूरिस्टों का इन्तज़ार कर रहा था
डरा हुआ गोरा मैनेजर।

2005

---

1. प्रसिद्ध अमेरिकी अश्वेत कवि लैंग्स्टन ह्यूज़ की एक कविता पंक्ति
2. टेनेसी विलियम्स का प्रसिद्ध नाटक 'अ स्ट्रीटकार नेम्ड डिज़ायर'। यह ट्राम अब भी न्यू ऑर्लीन्स में चलती है।

पुरानी तस्वीरें

पुरानी तस्वीरों में ऐसा क्या है
जो जब दिख जाती हैं तो मैं ग़ौर से देखने लगता हूँ
क्या वह सिर्फ़ एक चमकीली युवावस्था है
सिर पर घने बाल नाक-नक़्श कुछ कोमल
जिन पर माता-पिता से पैदा होने का आभास बचा हुआ है
आँखें जैसे दूर तक देखने की उत्सुकता से भरी हुईं
बिना प्रेस किये हुए कपड़े उस दौर के
जब ज़िन्दगी ऐसी ही सलवटों में लिपटी हुई थी

इस तस्वीर में मैं हूँ अपने वास्तविक रूप में
एक स्वप्न सरीखा चेहरे पर अपना हृदय लिये हुए
अपने ही जैसे बेफ़िक्र दोस्तों के साथ
एक हल्के बादल की मानिन्द जो कहीं से तैरता हुआ आया है
और क्षण-भर के लिए एक कोने में टिक गया है
कहीं कोई कठोरता नहीं कोई चतुराई नहीं
आँखों में कोई लालच नहीं
यह तस्वीर सुबह एक ढाबे में चाय पीते समय की है
उसके आसपास की दुनिया भी सरल और मासूम है
चाय के कप ढाबे और सुबह की तरह
ऐसी कितनी ही तस्वीरें हैं जिन्हें कभी-कभी
घर आए मेहमानों को दिखलाता हूँ

और अब यह क्या है कि मैं अकसर तस्वीरें खिंचवाने से कतराता हूँ
खींचने वाले से कहता हूँ रहने दो
मेरा फ़ोटो अच्छा नहीं आता मैं सतर्क हो जाता हूँ
जैसे एक आईना सामने रख दिया गया हो
सोचता हूँ क्या यह कोई डर है कि मैं पहले जैसा नहीं दिखूँगा

शायद मेरे चेहरे पर झलक उठेंगी इस दुनिया की कठोरताएँ
और चतुराइयाँ और लालच
इन दिनों हर तरफ़ इन्हीं चीज़ों की तस्वीरें ज़्यादा दिखाई देती हैं
और जिनसे लड़ने की कोशिश में
मैं कभी-कभी इन पुरानी तस्वीरों को ही
हथियार की तरह उठाने की सोचता हूँ।

2007

गुजरात के मृतक का बयान

पहले भी शायद मैं थोड़ा-थोड़ा मरता था
बचपन से ही धीरे-धीरे जीता और मरता था
जीवित रहने की अन्तहीन खोज ही था जीवन
जब मुझे जलाकर पूरा मार दिया गया
तब तक मुझे आग के ऐसे इस्तेमाल के बारे में पता नहीं था
मैं रँगता था कपड़े तानेबाने रेशे
टूटी-फूटी चीज़ों की मरम्मत करता था
गढ़ता था लकड़ी के हिंडोले और गरबा के रंगीन डाँडिये
अल्युमिनियम के तारों से बच्चों के लिए छोटी-छोटी साइकिलें बनाता
इसके बदले में मुझे मिल जाती थी एक जोड़ी चप्पल एक तहमद
अपनी ग़रीबी में दिन-भर उसे पहनता रात को ओढ़ लेता
आधा अपनी औरत को देता हुआ

मेरी औरत मुझसे पहले ही जला दी गई
वह मुझे बचाने के लिए मेरे आगे खड़ी हो गई थी
और मेरे बच्चों को मारा जाना पता ही नहीं चला
वे इतने छोटे थे उनकी कोई चीख़ भी सुनाई नहीं दी
मेरे हाथों में जो हुनर था पता नहीं उसका क्या हुआ

मेरे हाथों का ही पता नहीं क्या हुआ
वे अब सिर्फ़ जले हुए ढाँचे हैं एक जली हुई देह पर चिपके हुए
उनमें जो हरकत थी वही थी उनकी कला
और मुझे इस तरह मारा गया
जैसे एक साथ बहुत से दूसरे लोग मारे जा रहे हों
मेरे जीवित होने का कोई बड़ा मक़सद नहीं था
लेकिन मुझे इस तरह मारा गया
जैसे मुझे मारना कोई बड़ा मक़सद हो

और जब मुझसे पूछा गया तुम कौन हो
क्या छिपाए हो अपने भीतर एक दुश्मन का नाम
कोई मज़हब कोई तावीज़
मैं कुछ कह नहीं पाया मेरे भीतर कुछ नहीं था
सिर्फ़ एक रंगरेज़ एक मिस्त्री एक कारीगर एक कलाकार
जब मैं अपने भीतर मरम्मत कर रहा था किसी टूटी हुई चीज़ की
जब मेरे भीतर दौड़ रहे थे
अल्युमिनियम के तारों की साइकिल के नन्हे पहिए
तभी मुझ पर गिरी एक आग बरसे पत्थर
और जब मैंने आख़िरी इबादत में अपने हाथ फैलाए
तब तक मुझे पता नहीं था बन्दगी का कोई जवाब नहीं आता

अब जब कि मैं मारा जा चुका हूँ मिल चुका हूँ
मृतकों की उस मनुष्यता में
जो जीवित मनुष्यों से भी ज़्यादा सच्ची ज़्यादा स्पंदित है
तुम्हारी जीवित बर्बर दुनिया में न लौटने के लिए
मुझे और मत मारो और मत जलाओ न कहने के लिए
अब जबकि मैं महज़ एक मनुष्याकार हूँ एक मिटा हुआ चेहरा
एक मरा हुआ नाम
तुम जो कुछ हैरत और कुछ ख़ौफ़ से मेरी ओर देखते हो

क्या पहचानने की कोशिश करते हो
क्या तुम मुझमें अपने किसी स्वजन को खोजते हो
किसी मित्र-परिचित को या ख़ुद अपने को
अपने चेहरे में लौटते देखते हो किसी चेहरे को।

2002

अंजार

[सन् 2001 के भूकंप में तबाह अंजार और सन् 2002 की गुजरात हिंसा की स्मृति]

अंजार में पिछले साल सर पर थे चार सौ बच्चों के इम्तहान
पिछले साल प्रभातफेरी में वे गाते थे सारे जहाँ से अच्छा हिन्दोस्तान
पिछले साल तैयार किए जा रहे थे प्रश्नपत्र
भरने के लिए छोड़े जा रहे थे बहुत से रिक्त स्थान
पिछले साल अंजार उड़ती हुई ग़ुस्सैल पृथ्वी था
चार सौ सुरीले स्वरों पर गिरा हुआ आसमान
एक मलबे की तरह उठकर आया हुआ भूगर्भ का अन्धकार
अंजार मलबे में दबी हुई मासूम चीत्कारों का मज़ार

एक बार फिर से आए इम्तहान
बच्चों को उठाया गया नींद से फिर से किया गया तैयार
गिनती हुई चार सौ पिछले बरस के चार सौ
इस बार कई-कई जगह फैला था अंजार
इस बार उड़ती हुई धरती नहीं लपकती-लीलती हुई आग थी
रक्त और मृत्यु ही थे मुख्य प्रश्नपत्र
अंजार से निकल कर दूर-दूर तक फैले हुए अंजार के रिक्त स्थान

स्कूल की घंटियाँ सुनाई देती हैं अंजार में
बच्चे बैठते हैं आग और क्रूरता के इम्तहान में

पिछले बरस की टूटी हुई दीवार से गिरता है रक्त
आँसुओं से भरी आँखों के सामने डाँवाडोल प्रश्नपत्र
सवाल तमाम आपस में गडमड
अंजार भूगर्भ में दबी हुई एक चीत्कार
जगह-जगह अंजार हमारे भविष्य का मज़ार।

2002

भूलने के विरुद्ध

[सन्दर्भ गुजरात]

पहला नहीं हमेशा दूसरा
हमेशा दूसरा जीवन दूसरा प्रकाश दूसरा अन्धकार
क्योंकि मैं दूसरा हूँ पहला नहीं दूसरा
पहला हमेशा अनुपस्थित है हमेशा भुलाया हुआ
पहला हमेशा खोया हुआ हमेशा लापता जगहें बदलता

मैं दूसरा हूँ हर वक़्त पहले की स्मृति में पहले की जगह पर
पहला हमेशा ढहाया हुआ है नष्ट किया हुआ
मैं उसके मलबे की तरह बचा हुआ दूसरा हूँ उसके अन्त का गवाह
पहला जला हुआ है मरा हुआ हमेशा एक मृतक
मैं पहले की राख में से उठता हुआ दूसरा हूँ
पहले के एवज़ में हाज़िरी लगाता हुआ
मैं हूँ मैं हूँ कहता हुआ

मैं दूसरा हूँ पहले का एक धुँधला आकार पहले का एक आभास
मैं पहले की चीख़ हूँ पहले का शोक पहले का प्रेम
पहले को याद करता हुआ एक अन्तहीन दूसरा।

2002

इन सर्दियों में

पिछली सर्दियाँ बहुत कठिन थीं
उन्हें याद करने पर मैं इन सर्दियों में भी सिहरता हूँ
हालाँकि इस बार दिन उतने कठोर नहीं

पिछली सर्दियों में मेरी माँ चली गई थी
मुझसे एक प्रेमपत्र खो गया था एक नौकरी छूट गई थी
रातों को पता नहीं कहाँ-कहाँ भटकता रहा
कहाँ-कहाँ करता रहा टेलीफ़ोन
पिछली सर्दियों में
मेरी ही चीज़ें गिरती थीं मुझ पर

इन सर्दियों में पिछली सर्दियों के कपड़े निकालता हूँ
कंबल टोपी मोज़े मफ़लर
उन्हें ग़ौर से देखता हूँ
सोचता हुआ पिछला समय बीत गया है
ये सर्दियाँ क्यों होंगी मेरे लिए पहले जैसी कठोर।

2007

शहर फिर से

इतने समय से तुम क्या खोजते हो इस शहर में
जहाँ एक धुँधली युवावस्था में
तुम पत्थर की तरह लुढ़कते हुए आए थे
तुम्हें मिली एक ख़ाली जगह एक रात और रात के लिए बिस्तर
यहीं तुम्हें दिखी अपनी स्पष्ट ग़रीबी यहीं मिला अपना अहंकार
यह कौन-सी सभ्यता थी कौन-सा समय

वे किसकी रोशनियाँ थीं जो तुम्हारे आगे-पीछे चमकती रहती थीं
तुम शहर के भीतर प्रवेश करना चाहते थे उसके रक्त में
उसकी रातों में जिसकी सड़कें कई-कई हाथों से तुम्हें छूती थीं

और अब सुबह उठकर तुम देखते हो
जैसे यह कोई दूसरी जगह दूसरा शहर हो
तुम्हारी सड़कें धुँधली-सी हवा में झूलती हुई दिखती हैं
तुम्हारे चौराहे अदृश्य हो चुके
वे घर ज़मींदोज़ हो गए जहाँ तुम चले आते थे
वे लोग भी उन पतों पर नहीं रहते जो तुम्हारी डायरी में दर्ज हैं

अब जहाँ तुम एक शाश्वत आपाधापी में चलते हो
चमकती हुई चीज़ों के बीच से
हाँफते सीढ़ियाँ चढ़ते-उतरते कभी-कभी हँसते दिखते हो
किताबें और दवाएँ ख़रीदते हुए
पैसे खोजने के लिए बार-बार अपनी जेबें टटोलते
जैसे देर हो गई हो और समय निकला जा रहा हो
वह कोई और ही शहर है जहाँ तुम होना नहीं चाहते
फिर भी तुम्हें होना होता है तकलीफ़देह सड़कों चौराहों के बीच
तमाम चीज़ों के पिछवाड़े
आज और अभी इस तरह जैसे यह कोई पुरानी बात हो

और जब तुम एक दिन झोला-बिस्तर उठाकर यहाँ से छूटने के लिए
निकलते हो तो पाते हो तुम्हारे और शहर के बीच कोई नहीं है
लोग जा चुके हैं सड़कें चौराहे सब कुछ एक स्थिर बिम्ब में ठहरा हुआ है
हवा का एक झोंका आता है आसमान का एक हिस्सा
तुम्हारे चेहरे का स्पर्श करता है दूर एक तारा चमकता है
और इतने पास आ जाता है जैसे वह इस शहर का प्रकाश हो

और तुम्हारा कोई पुराना स्वप्न इस तरह जीवित हो उठता है
कि तुम उसे छू सकते हो
तब तुम सड़क के किनारे एक पत्थर पर बैठ जाते हो
और सोचते हो उस शहर में अब भी पहुँचा जा सकता है
जिसकी खोज में तुम यहाँ आए थे
एक पत्थर की तरह कहीं से लुढ़कते हुए।

2003

मोहन थपलियाल

[जाने-माने कथाकार-पत्रकार-अनुवादक मित्र मोहन थपलियाल की स्मृति में]

अपने इंजीनियर दादा की दुमंज़िला हवेली में तुम रहे नहीं
तुम्हें सिर्फ़ उसका जर्जर होना याद रहा
बहुत पहले ही तुम विस्थापित हो गए थे
जंगलों पहाड़ों के बीच भारत तिब्बत बॉर्डर पुलिस की बैरकों में
वायरलेस सेट के सामने अकेले बैठे
हवा में भेजते कूट-सन्देश डा डिड् डा डाडिड् डाडिड्डा डा...
जिनका अर्थ सिर्फ़ यही था कि हम सुरक्षित हैं
दुश्मन आसपास कहीं नहीं है फिर भी सावधान...स्टॉप

तुम्हारा सफ़र जंगलों घाटियों जैसा ऊबड़-खाबड़ था
उसके निशान तुम्हारे भीतर दर्ज होते रहे
जैसे एक पेड़ में दर्ज होते रहते हैं उसके वर्ष
और जब तुम उन एकरस ध्वनि-संकेतों के जंगल से बाहर आए
ठोस तीखे शब्दों की दुनिया में तो वह एक और विस्थापन था
वहाँ भीषण कोहराम था और कुछ भी सुरक्षित नहीं था
अपना हाल बताने के लिए वायरलेस के बटन नहीं थे
और 'हक़ीक़त जानने के लिए झींगुरों के शोर और जुगनुओं की

रोशनी के बीच से जोखिम भरा रास्ता टटोलते हुए
काफ़ी दूर जाना होता था'[1]

इस यात्रा में तुम्हें बहुत देर से बेर्टोल्ट ब्रेष्ट मिला
जर्मनी का वह कविता-नाटकवाला मृत्यु के अठारह वर्ष बाद
अकल्पनीय अत्याचारों का गवाह दुनिया का सबसे ज़िद्दी विस्थापित
जो 'जूतों से ज़्यादा देश बदलता हुआ'[2] यातना शिविरों से बचता फिरा
क्योंकि उसे जानना था अपने लोगों के दुख का कारण
बतलाने थे वर्ग व्यवहार करना था दुनिया को बदलने का
पुराना अनिवार्य और असम्भव काम
उसी के शब्दों में तुम्हें अपने विस्थापन का अर्थ मिला
उसका हाथ थामे हुए तुमने देखा
जगह-जगह अब भी बने हुए हैं छोटे-छोटे यातना शिविर
जो जितना ताक़तवर उसके भीतर बैठा हुआ उसी के आकार का एक हिटलर
और आज भी अँधेरे का वही युग
जहाँ हँसते रहना है जीवन गुज़ारने की सबसे बड़ी कला[3]

विकट था पूँजी के तंत्र के बीच टिके रहने का संघर्ष
बाबूगीरी मास्टरी वायरलेस ऑपरेटरी बेकारी जेएनयू में जर्मनी
एक अदद अख़बारी नौकरी फिर बेरोज़गारी डा डिड डा...स्टॉप
तब भी तुमने खोई नहीं बच्चों जैसी अपनी हँसी
पहाड़ी बूढ़ों जैसी अपनी समझ खोये नहीं अपने जंगल और पहाड़
एक साधारण जीवन में एक असाधारण आग जलती रहती है
वह कभी सुलगता कभी झुलसता है अपने भीतर
जिसकी कहानी कहने के लिए
एक नई भाषा की दरकार है

---

1. मोहन थपलियाल की कहानी 'त्रिकोण' का एक वाक्य
2. बेर्टोल्ट ब्रेष्ट की कविता 'बाद में जन्म लेनेवालों के लिए' का एक अंश
3. जर्मन भाषा में 'लेबेनकुंस्ट' जिसे ब्रेष्ट अकसर इस्तेमाल करते थे

इस बीच ताक़तवर चला देता है बाज़ार में नई मुद्रा नए नियम
एक सामर्थ्यवान हर ख़ाली जगह पर क़ब्ज़ा कर लेता है

अस्पताल से लौटते हुए अपने कलेजे का रक्त थामे हुए
तुम देखते हो बच्चे कुछ और बड़े हो गए हैं
और घर की मद्धिम रोशनी में अपना पाठ पढ़ रहे हैं
रसोईघर में खड़ी पत्नी बीच-बीच में देखती है
मुश्किल से जुटाया हुआ अपना छोटा-सा संसार
और तुम अपने कॉमरेड ब्रेष्ट की कविता पर झुके हुए
पूछते हो शायद जीवन का आख़िरी सवाल
अब अगला विस्थापन कौन-सा है
कहाँ है कूट-भाषा के संकेतों का गंतव्य।

2003

करुणानिधान

[प्रतिबद्ध चित्रकार-मित्र की स्मृति में]

सबसे मीठी मुलायम ब्रेड कहाँ मिलती है
कम मीठे की मिठाई कम नमक की नमकीन कहाँ मिलती है
सबसे मज़बूत काग़ज़ कहाँ बिकते हैं सुन्दर सस्ते झोले कहाँ टँगे रहते हैं
किस जगह से दिखता है सबसे ज़्यादा आसमान
शहर के बारे में सब कुछ जानते थे करुणानिधान
झोले से निकालते ब्रेड और घर का बना पनीर
कुछ खाता हुआ मनुष्य दुनिया का कितना सुन्दर दृश्य है
ऐसे दृश्यों को वे रख लेते अपने थैले में

मन ही मन बनारस अपने घर चले जाते करुणानिधान
भूखे उनींदे पैदल नापते शहर
चलते-चलते हो जाते भूमिगत अपने रंगों और कैनवस के साथ

सोचते तमाम रंग तहख़ाने से उठेंगे कभी करेंगे एक विस्फोट
वसन्त गर्जना[1] जो अभी कैनवस पर है उसकी सुबह हम देखेंगे एक रोज़
बनारस कोलकाता दिल्ली सादतपुर अल्मोड़े के पहाड़
कैनवस न हों तो न सही काग़ज़ों पर ऐंठी हुई आकृतियाँ
रेखाएँ तोड़कर बाहर निकलती उन चेहरों की चीख़
कभी कोई देह अपनी ही साँसों से उठती-गिरती हुई
अमीर ख़ाँ और ओंकारनाथ ठाकुर की जुगलबन्दी
झोले में ताज़ा स्याही की ख़ुशबू फैलाता मुक्ति[2] का नया अंक
शहीद भगत सिंह के नास्तिक बनने की कहानी
और आइरिश रिपब्लिकन आर्मी के धुँधले पुराने दस्तावेज़
जो अभी-अभी लिखे हुए लगते हैं जैसे अभी हो उनकी ज़रूरत

और दिल को उछलने-डूबने से रोकने के लिए एक पेसमेकर
जो देह के भीतर लगा है किसी छोटे-से वाद्ययंत्र की तरह
भेजता ऊर्जा के संकेत रंगों के तहख़ाने की आवाज़
काग़ज़ रंग कूचियाँ सब रणभूमि में उतरने को तैयार हैं
गिरधर राठी के समकालीन भारतीय साहित्य[3] का मुखपृष्ठ बन गया है
अख़बारों के लिए भाग्यरेखाओं जैसे रेखांकन पूरे हो चुके हैं
केदारनाथ सिंह के बाघ[4] के कई मांसल रूप
झाँकते हैं झोले से बाहर निकलने के लिए

लेकिन कहाँ लोप हो गए वे हक़ीर और फ़क़ीर
जो सब कुछ छोड़कर चले जाते थे और फिर ख़ाली हाथ लौट आते
ग़रीबी और दीवानगी किस रसातल में गई

---

1. पश्चिम बंगाल का नक्सलबाड़ी विद्रोह
2. करुणानिधान द्वारा सम्पादित पत्रिका
3. गिरधर राठी द्वारा सम्पादित अकादेमी की पत्रिका
4. केदारनाथ सिंह के कविता संग्रह के रेखांकन

जो कभी घर नहीं बनाती थी फटे हुए कपड़ों में छिप जाती थी
वे तहख़ाने क्या हुए जहाँ एक विस्फोट में इकट्ठा होते रहते थे रंग

एक स्वप्न के बिखरने पर तुरन्त नहीं आ जाता दूसरा स्वप्न
एक ख़ुशी को विदा करने नहीं आती एक और ख़ुशी
जो जगह ख़ाली होती है वह हमेशा ख़ाली रहती है
जीवन के आख़िरी हासिल में
एक बड़ा-सा काग़ज़ बचा हुआ रहता है
कैनवस पर पिघले हुए रंग सिकुड़ते जाते हैं
किसी दुकान में एक मीठी मुलायम ब्रेड अनबिकी रहती है
मुक्ति का एक दस्तावेज़ झोले के भीतर फड़फड़ाता रहता है।

2003

दो कवियों की कथा

[शमशेर और मुक्तिबोध की स्मृति में]

प्रेम के सबसे सघन कवि को प्रेम नहीं मिला
उसके सामने दूध रोटी दवा का हिसाब था
जिसे वह कभी समझ नहीं पाया
दुनिया आईनों से भरी हुई थी जिन्हें वह स्याही की तरह
अपने अन्तर्जल में घोलता रहा
मनुष्य की भाषाएँ तमाम बोली कबूतरों की
उसकी तड़प को उठाने में असमर्थ थीं
वह बहता रहा प्यास के पहाड़ों पर सुन्दरता का प्रपात

यातना के सबसे बीहड़ कवि को यातना ही मिली
कड़ी मारें और एक से एक दुःस्वप्न
वही था प्रेम के कवि का एक सच्चा दोस्त

वह एक जंगल की तरह था बार-बार अपने पत्ते गिराता हुआ
अपने शब्दों को काटता
उसे चौराहे ही मिले जीवन में भागता रहा दम छोड़
जिन्होंने संसार में प्रेम नष्ट किया यातना पैदा की
उसने देखे रात में उनके जगमग जुलूस
इन दिनों वे दिन में भी जगह-जगह निकलते दिखते हैं

यातना का कवि जल्दी ही इस संसार से चला गया
तब प्रेम के कवि ने सोचा मुझे रहना चाहिए यहाँ कुछ दिन और
अन्ततः प्रेम ही है यातना का प्रतिकार
अन्याय का प्रतिशोध
फिर वह अकेला झेलता रहा सारी यातना रह सका जितनी देर।

2003

दुख का पाठ

उसे पकड़ पाना आसान नहीं है
वह अकसर छिप जाता है जहाँ भी जगह मिलती है
ज़रा-से अँधेरे में धूल की पतली परत में
कभी सुख के चमकते घर में ही पलंग पर लेटा रहता है
हम जो भी शब्द लिखते हैं वह उसे ही अपनी ओट बना लेता है
और हम समझ नहीं पाते कि दो शानदार पंक्तियों के बीच
अचानक यह कौन-सा अँधेरा है
उसे इमारतों और शहरों के पिछवाड़े पसन्द हैं
वह सुख की तुलना में कहीं ज़्यादा तेज़ और उलटी दिशा में चलता है
जगह-जगह अपने रूमाल छोड़ देता है
जो भीगे हुए और भूल से छूटे हुए से लगते हैं

तोल्स्तोय बहुत पहले लिख चुके हैं
कि तमाम सुखी परिवार एक ही ढंग से सुखी होते हैं
और हर दुखी परिवार अपने ढंग से दुखी होता है
और उसे पहचानने के लिए भी कितना लम्बा जीवन जीना पड़ता है
कितनी त्रासदियाँ अंजाम देनी होती हैं
तब भी जब वह नहीं दिखता तो उसे ईजाद करना होता है
जो लोग दुख को ईजाद नहीं कर पाते वे उसे देख भी नहीं पाते
क्योंकि सोचना ही देखने की पहली अनिवार्य शर्त है

तुम दुख में हो यह बात सिर्फ़ तुम जानते हो
तुम कोई एकांत खोजते हो कोशिश करते हो
कि तुम्हारी आँखों से दो बूँद आँसू गिरें
गालों से होते हुए तुम्हारे होंठों और जीभ तक आएँ
और इस तरह एक विकट मानवीय स्थिति
काल के भीतर कहीं दर्ज हो सके
लेकिन जब सचमुच ऐसा क्षण आता है तो तुम आँखें पोंछ देते हो
बिना यह जाने कि यह दुनिया के तमाम लालची सतही सुखों पर
दुख की विजय हो सकती थी
एक नए संसार की सम्भावना।

2006

प्रेम का पाठ

वह कई सभ्यताओं को लाँघती हुई आई है
और तुम्हारे बिलकुल पास बैठी हुई है
उसकी घनी छाया में तुम एक छोटे-से बच्चे की तरह हो
वह अपनी आँखों के भीतर की आँखों से तुम्हें देखती है

अपने होंठों के भीतर के होंठों से तुम्हें छूती है
किसी ऐतिहासिक रात की तरह फैले हुए उसके केश
तुम्हें अपनी शान्त छाया में ले लेते हैं
उसके आँसुओं का नमक तुम्हारे भीतर बहने लगता है
वह तुम्हें अपने शब्द सौंपती है ताकि तुम उनसे पूरे वाक्य बना सको
अपनी साँस को तुम्हारी साँस में घुला देती है
तुम्हारी आवाज़ में बोलने तुम्हें अपनी शक्ल में ढालने लगती है
इसलिए कि मनुष्य को जन्म देने का यही एक तरीक़ा है

लेकिन अब बहुत देर हो गई है
दुनिया की बहुत सारी सख़्ती तुम्हारे भीतर आ चुकी है
बहुत-से तेज़ औज़ार तुम्हारी आत्मा को घिसकर गोल बना चुके हैं
बाहर निकलते ही तुम एक कवच पहन लेते हो एक छाता तान लेते हो
और एक किनारे पर खड़े हो जाते हो
तुम्हें हर आवाज़ किसी दूसरे किनारे से आती हुई लगती है
हर उपस्थिति किसी अजनबी आहट की तरह महसूस होती है
और अगर तुम अब भी एक घायल की तरह धूप में भटकते हो
तो इसका अर्थ यही है कि तुम कोई छाया खोज रहे थे
पानी का कोई स्रोत खोज रहे थे कोई रात खोज रहे थे।

2006

राग मारवा

[अमीर ख़ाँ और पन्नालाल घोष के संगीत की स्मृति]

बहुत दूर किसी जीवन में से निकल कर आती है
राग मारवा की आवाज़
उसे अमीर ख़ाँ गाते हैं अपने अकेलेपन में

या पन्नालाल घोष बजाते हैं
किसी चरवाहे की-सी अपनी लम्बी पुरानी बाँसुरी पर
वह तुम्हारे आसपास एक-एक चीज़ को छूता हुआ बढ़ता है
उसके भीतर जाता है उसी का रूप ले लेता है
देर तक उठता एक आलाप धीरे-धीरे एकालाप बन जाता है
एक भाषा अपने शब्द खोजने के लिए फड़फड़ाती है
एक बाँसुरी के छेद गिरते पिघलते बहते जाते हैं
उसमें मिठास है या अवसाद
यह इस पर निर्भर है कि तुम जब उसे सुनते हो तो क्या खोजते हो

मारवा संधि-प्रकाश का राग है
जब दिन जाता हुआ होता है और रात आती हुई होती है
जब दोनों मिलते हैं कुछ देर के लिए
वह अन्त और आरम्भ के बीच का धुँधलका है
प्रकाश और अन्धकार के गड्डमड्ड चेहरे
देर तक काँपता एक विकल हाथ ओझल हो चुका है
एक आँसू गिरते-गिरते रुक गया है
कहते हैं मारवा को किसी आकार में समेटना कठिन है
वह पिघलता रहता है दूसरे रागों में घुल जाता है
उसमें उपज और विस्तार पैदा करना भी आसान नहीं
उसके लिए भीतर वैसी ही कोई बेचैनी वैसा ही कोई विराग चाहिए
तुम उसे पार्श्व-संगीत की तरह नहीं सुन सकते
क्योंकि तब वह सुस्त और बेस्वाद हो जाता है
गायक-वादक सब जानते हैं
लोगों को अब यह राग ज़्यादा रास नहीं आता
कोई व्यर्थ की झंझट में नहीं पड़ना चाहता
इन दिनों लोग अपने ही सुख से लदे हुए मिलते हैं

फिर भी भूले-भटके सुनाई दे जाता है
रेडियो या किसी घिसे हुए रेकॉर्ड से फूटता शाम के रंग का मारवा
अमीर ख़ाँ की आवाज़ में फैलता हुआ
या पन्नालाल घोष की बाँसुरी पर उड़ता हुआ
आकार पाने के लिए तड़पता हुआ एक अमूर्तन
एक अलौकिकता जो मामूली चीज़ों में निवास करना चाहती है
पीछे छूटे हुए लोगों का एक गीत
जो हमेशा पीछे से आता सुनाई देता है
और जब कोई उसे सुनता न हो और कोई उसे
गाता-बजाता न हो तब भी वह गूँजता रहता है
अपने ही धीमे प्रकाश में काँपता हुआ मारवा।

2001

राग शुद्ध कल्याण

[भीमसेन जोशी को सुनने के बाद]

वह मिठास जो जीवन से कम होती जाती है
अकसर शुद्ध कल्याण में मिलती है
उसका साफ़ मीठा पानी चमकता रहता है
उसकी छोटी-बड़ी नदियाँ जगह-जगह फैली हैं
उसका ज्वार चन्द्रमा को गोद में ले लेता है
उतरती हुई उसकी लहरें बहुत नीचे पृथ्वी के गर्भजल तक चली जाती हैं
और तुम जब इस पृथ्वी की सतह पर निरर्थक डोलते हो
लकड़ी पत्थर घासफूस या टूटी-फूटी चीज़ों की तरह
तो वह तुम्हें हल्का और तरल बनाता हुआ अपने साथ ले जाता है

अपनी कल्पना के यथार्थ में हर संगीतकार
इस राग को कई तरह से रचता आया है
जैसे बार-बार अपनी ही सुन्दरता को प्रकाशित करता हो
बारीक़ी से उसे तराशता हुआ
जब तक एक-एक स्वर की कला समूचे राग की कला न हो जाए
स्वरों के स्थापत्य में चमक उठता है एक-एक स्थापत्य स्वर
और तब बहुत प्राचीन होते हुए भी वह इतना नया लगता है
जैसे उसका जन्म पहली बार हो रहा हो
लेकिन हर संगीतकार उसकी पूर्णता तक पहुँचने से पहले ही लौट आता है
दूसरी आवाज़ों के लिए उसे छोड़ता हुआ

शुद्ध कल्याण सुनते हुए तुम उसके आरपार देख सकते हो
तुम्हारे अपने ही स्वर उसमें गूँजते हैं
भले ही तुमने उन्हें पहले कभी न सुना हो
और तुम उन्हें अकेले भी नहीं सुन रहे हो कोई तुम्हारे साथ है
तुम्हारे भीतर तुम्हारा कोई अंश
जो तुम्हें सहसा पहली बार दिखाई दिया है
स्वरों की एक बौछार बार-बार तुम्हें भिगो देती है
वह तुम्हारा सारा कलुष धो रही है
ऐसे ही किसी क्षण में तुम उसे गा उठते हो
क्योंकि उसमें इतनी कोमलता है
क्योंकि तुम ख़ुद उस कोमलता के बहुत पास पहुँच चुके हो
कि उसे गाये बिना रह नहीं सकते
अपनी किसी व्यथा अपनी किसी वासना में
चन्द्रमा तक अपनी आवाज़ उठाने की कोशिश करते हुए
आधी-अधूरी जैसी भी हो वही है जीवन की बची हुई मिठास।

2001

चेहरा

विचार और चेहरे के बीच एक घनिष्ठ सम्बन्ध है
वे एक दूसरे को गढ़ते ढालते बनाते बिगाड़ते रहते हैं
एक इच्छा चिड़िया की तरह भीतर जन्म लेती है
और एकाएक चेहरे पर उड़ान की तरह प्रकट हो उठती है
एक अच्छा विचार माथे की शिकन मिटा देता है
कुटिल चेहरे तत्काल अपने विचारों को कलुषित बना देते हैं
किसी नफ़रत में ढले हुए वे एक समान दिखते हैं
एक दूसरे की नक़ल करते हुए
एक जैसे अंडाकार सिर एक-सी मूँछें एक-सी मन्द मुस्कान
जैसे किसी एक गिरोह के राष्ट्रीय अन्तरराष्ट्रीय सदस्य

ग़ौर से देखें तानाशाह चेहरे तमाम एक सरीखे हैं
भले ही वे अलग-अलग देशकाल के अत्याचारों के निशान हों
सिर्फ़ अन्याय की विजय यात्रा ने बढ़ा दिये हैं उनके तमग़े सितारे
उनकी तस्वीरें इतनी धुली-पुँछी हैं जैसे वे अब भी करते हों राज
एक अमानुष की भंगिमा से एक अमानुष झाँकता है
वह उसे छिपाता नहीं बाँटता चलता है जगह-जगह
चेहरा और चरित्र जैसे ही एक होते हैं बदल देते हैं आदमी की चाल

महँगे ताक़तवर चेहरे हर तरफ़ बढ़ते जा रहे हैं
उनकी एक जैसी हँसी आँखों में एक जैसी चमक
आरामदेह चेहरों पर सजे-धजे उनके विचार
वे एक ग़रीब देश में जीने के शानदार तरीक़े बेचते रहते हैं
हाथ में शक्तिवर्धक दवा लिये हुए
एक महानायक समाज को आँख मारता है
इन्हीं चेहरों से बना है हमारे वक़्त का प्रमुख आततायी विचार

उन चेहरों में भी काफ़ी मेलजोल है
जो अकसर निर्बल डरे हुए हैरान मूक एकटक देखते रहते हैं
उन पर मर्म भेदनेवाली कहानियाँ लिखी हैं
एक चेहरा स्याही के धब्बे जैसा एक चेहरा नंगी नुकीली
चट्टान जैसा एक चेहरा आँसू की बूँद जैसा गिरने-गिरने को
एक चेहरा जो मार खाकर रोया नहीं[1]
कभी-कभी अचानक कौंध जाता है विचार की तरह।

2006

त्वचा

त्वचा ही इन दिनों चारों ओर दिखती है
त्वचामय बदन त्वचामय सामान
त्वचा का बना हुआ कुल जहान
टीवी रात-दिन दिखलाता है जिसके चलते-फिरते दृश्य
त्वचा पर न्योछावर सब कुछ
कई तरह से लेप उबटन झाग तौलिए आसमान से गिरते हुए
कमनीय त्वचाओं का आदान-प्रदान करते दिखते हैं स्त्री-पुरुष
प्रेम की एक परत का नाम है प्रेम
अध्यात्म की खाल जैसा अध्यात्म
सतह ही सतह फैली हैं हर जगह उन पर नए-नए चमत्कार
एक सुन्दर सतह के नीचे आसानी से छिप जाता है एक कुरूप विचार
एक दिव्य त्वचा पहनकर प्रकट होता है मुकुटधारी भगवान

यह कोई और ही त्वचा है
जो जीती-जागती धड़कती देह में से

1. निराला की पंक्ति 'देखा मुझे उस दृष्टि से जो मार खा रोई नहीं' से प्रेरित

उसकी सुन्दरता बनकर नहीं उपजती
जो साँस नहीं लेती
जिसके रोएँ नहीं सिहरते जिसे पीड़ा नहीं महसूस होती
यह कबीर की मुई खाल नहीं है
जिसकी साँस लोहे को भस्म कर देती है
यह कोई और ही त्वचा है जो कोई पुकार नहीं सुनती
जिसे छूने पर रक्त नहीं उछलता हृदय नहीं पसीजता

झुर्रियों के समुद्र में विलीन होती मोटी खाल की एक नदी
अपने साथ बहाकर ले जाती है
सुगन्धमय प्रसाधन तौलिए उबटन
इसी पर नाचते हैं हमारे विचार
देखो एक रोगशोकजरामरणविहीन कविता की दशा
वह त्वचा की तरह सूखती हुई पड़ी है।

2004

बस में वृद्ध

मदर डेयरी के पाँच रुपये दो कंडक्टर बोला उस बूढ़े से
मैं जिसकी बग़ल में आकर बैठा ही था
मेरे पास नहीं है पैसा कुछ इस तरह कहा वृद्ध ने
जैसे यह बात बहुत गर्व करने की हो
उसके स्वर में एक अभेद-सा स्वाभिमान था
जो बड़े-बड़े पैसेवालों के पास नहीं होता है
जिनको साहस का पुतला समझा जाता है

दिल्ली के उस बदजुबान बसवाले के मुँह से भी बोल न फूटे
वह झेंपता हुआ-सा चला गया आगे

शायद बूढ़े ने उसके भीतर कोई बात नई पैदा कर दी थी
शायद यह दो बदहालों के मिलने का क्षण था
मैंने सोचा मेरे पास बचा है पैसा अच्छा हो मैं उसका टिकट ख़रीदूँ
जो अब भी निस्पृह बैठा था सबसे

सहसा मैं सहम गया
मेरी क्षुद्र मनुष्यता ने कितना अपमान किया होता उम्रदराज़ उस महापुरुष का
जिसने कितने बरस बिताये होंगे इसी शहर में
जहाँ पूरा जीवन ही पैसे का खेल बना है
लोग यही कहते दिखते हैं उनके पास बहुत है पैसा

उतर गया मैं बस से अपनी जगह अँधेरे में
एक झलक देखा उस बूढ़े को जो कहीं और देखता था अब
मन ही मन कुछ देर झुका मैं अपने भीतर।

2001

शान्तिनिकेतन रिपोर्ताज

[एक यात्रा के बिम्ब]

जलरंग

उस छोटे-से विस्तार में एक अनन्तकाल था
और भी कई तरह के काल थे गगनेन्द्रनाथ रामकिंकर बैज
मास्टर मोशाय बिनोद बिहारी मुखर्जी
सभी से झरती थी कम या ज़्यादा उनके काल की धूल
सिर्फ़ रबीन्द्रनाथ किसी तरह जीवित रखे गए थे
वे अब भी दिख जाते थे शान्तिनिकेतन बसाने के लिए

किसी से माँगते पृथ्वी का एक टुकड़ा एक अदद दीवार
एक पौधा एक झोंका हवा थोड़ा-सा आकाश

यहाँ आकर मनुष्यों के व्यवहार बदल जाते थे
वे हो जाते गँवई गँवार संथाल बाउल
दुनिया को पागल बतलाते ख़ुद को लालन फ़क़ीर कहते
घर जाते-जाते एकाएक जंगल की ओर चल देते
एक घूँट चाय पीकर बोलपुर को निकल देते
जहाँ ट्रेन की आवाज़ सर्दी की धुन्ध को हटाती आती है

दूर एक मेले से आती थी एक बाउल बच्चे की पुकार
अरे उठाकर ले जाओ अपना यह संसार
तुमने हिंसा ही पैदा की नफ़रत ही फैलाई
हम यहाँ बड़े होने से करते हैं इनकार

सड़क पर मैदान में मिट्टी के अश्वमेध घोड़ों के बीच बैठे
चाय पिलाते झाल-मूड़ी खिलाते
सर्दी में काँपती एक स्त्री को रिक्शे पर बिठाकर
घर पहुँचाते लोगों का भी एक काल है
कुछ आगे चलो तो रामकिंकर के भुरभुराते शिल्पों में
तुम देख सकते हो काफ़ी समय से खड़ा है इन्हीं लोगों का परिवार
कला भवन सोमनाथ होर की दीवार तक पहुँचते हो जाती है रात
और फिर दिन-भर के जलरंगों पर गिरने लगती है तेज़ बरसात

हर चीज़ जो ढहती है
उसके नीचे उसके होने की कथा छिपी हुई होती है
एक धूल जो यहीं जमी है
और घूमती हुई हवा जो इसे छोड़कर कहीं नहीं जाती
दीमकें कई विशाल पेड़ों को धराशायी कर चुकी हैं

फिर भी एक पेड़ एक जंगल दिखता रहता है
उसकी ओर इशारा करते हुए लोग फिर से कहते हैं रबीन्द्रनाथ।

बाउल

ओ भाई बेला कुबेला सब चली गई
सूर्य अस्त हो गया और चन्द्रमा गिर पड़ा
अब तुम्हारी नाव में रात का पानी हहराता आता है
उसे उलीचते-उलीचते ही कैसे बीत रहा तुम्हारा जीवन

ओ भाई देखो यह गोलमाल दुनियादारी
इस प्रीत के भीतर क्या है भय ग़ुलामी झकमारी
कोई नहीं जानता प्रेम किसी को मिला नहीं मोनेर मानुष
देखो सब किस तरह मरण की शरण में हैं जीवित

तुम भूल गये अपना जन्म कहाँ गया तुम्हारा बचपन
अकेले में भी तुम्हारे रोओं में नहीं होती सिहरन
लालच के हाथ स्वार्थ के होंठ अनिद्रा सरदर्द
तुम्हारा मुँह चिढ़ा रहा तुम्हारा ही जीवन
रात एक नदी एक मैदान एक छाया एक दीवाल
एक काली चिट्ठी एक बुझा हुआ तारा अटका है पेड़ पर
कोई पूछने नहीं आता तुम्हारा हाल

ओ माँ कच्ची हाँडी जैसा सुलगता है मेरा मन
आँसुओं का बिस्तर बना हुआ है यह तन।

नष्टनीड़

यह दिसम्बर है छुट्टियों के दिन
बंद है रबीन्द्रनाथ का घर और पाठ और प्रार्थना भवन

हारमोनियम पर अपने बेटे के साथ अजय राय गाते हैं पुराने स्वप्न
मंजुरानी सिंह दिखलाती हैं
नन्दलाल बसु के भित्तिचित्रों से झरता पीलापन
रामकिंकर के विशाल शिल्प से गिरा हुआ एक टुकड़ा
सूखे पत्तों के बिस्तर पर सो रहा है
ग़रीबी एक पुरानी पीली साड़ी लाल मिट्टी पर उड़ती हुई

लोग कहते हैं शान्तिनिकेतन टूट रहा है
जगह-जगह कँटीले तार लग रहे हैं
चहारदीवारियाँ उठती हैं पलस्तर गिरता है
जब पहली कारें आईं
जब नयी काट के जूते आए जब घास रौंदी गई जब धूल उड़ी
तो टूटना शुरू हुई यह जगह

शाम होते ही दिन भर के फूल मुरझाते हैं
शाम होते ही हो जाते हैं दिन भर के दरवाज़े बंद
और जहाँ-जहाँ ताले लगे हुए दिखते हैं
वहाँ तो समझिए इसे लगभग नष्ट।

2004